言葉をさかのぼる
歴史に閉ざされた英語と日本語の世界

開拓社 言語・文化選書 22

言葉をさかのぼる

歴史に閉ざされた英語と日本語の世界

藤原保明 著

開拓社

まえがき

　中学生以上であれば This is a book や He is a teacher 程度の英文の意味はわかる。しかし，book は [boːk] ではなくて [bʊk] であり，he は [heː] ではなくて [hiː] と発音されるのはなぜかという問いに答えられる人は少ないであろう。This の語末の -s は [s] であるのに，is の -s は [z] と発音される根拠は何かとなると，たいていの人は答えに窮するであろう。「先生」は teecher ではなく teacher と綴るのはなぜかという疑問についても簡単に説明するのはむずかしい。

　This is a book と He is a teacher という文はいずれも単数形の語で構成されているが，文頭の主語を複数形に変えると，後続の語はすべて複数形となり，These are books, They are teachers となる。しかし，日本語の場合は「これは本です」～「これらは本です」，「彼は先生です」～「彼らは先生です」のように，主語だけが数の区別を担っている。それゆえ，英語は主語も述語動詞も補語も「数」の区別にこだわる言語であるように見える。

　ところが，He is a good teacher の主語を複数形にすると，They are good teachers となり，形容詞は数の区別に関わっていないことがわかる。ちなみに，この英文の日本語訳は「彼らは良い先生です」であるから，日本語の形容詞も数の区別に関与していないことがわかる。しかしながら，英語を千年以上昔にさかのぼると，形容詞も名詞と同様に性・数・格に応じてさまざまな語尾を伴っていたことがわかる。そして，今から約 600 年前になるとたいていの形容詞はこれらの語尾を失ったが，複数語尾の -e はかなりの程度維持されていた。そして，今から 500 年ほど前では，これ

らの語尾はほぼ脱落してしまっていた．残念なことに，形容詞の語尾の脱落過程の詳細は英語史の専門書で学ばないかぎり知り得ない歴史上の遺物となってしまっていることである．

　今度は a, alone, an, any, lone, lonely, nonce, once, one という9つの語を見てみよう．これらの語は冠詞，形容詞，副詞，代名詞，数詞などとして用いられ，綴り字，発音，意味も異なる．しかし，これらの語は互いに無関係というわけではなさそうである．たとえば，不定冠詞の a は母音で始まる語の直前に生じ，an はそれ以外の位置に生じることから，両者は分布上補い合っている．また，alone, lone, lonely の3語は下線部の綴り字と発音が同一で意味も似ている．一方，nonce [nʌns], once [wʌns] と one [wʌn] は発音上共通する部分がある．同様に，an と any も何らかの関係がありそうである．実際，英語を遠い昔にさかのぼると，これら9つの語はいずれも ān [ɑːn] 'one' という数詞にたどり着く．過去千年間に ān の母音 [ɑː] は音質と音量の両面で大きな変化を受け，ān に付加された接辞も大きく変容した．その結果，もともとは一つの語であったものが独立した9つの形式に分かれ，独自の用法を担うようになった．このように，英語には指摘されないと気づかない過去がある．

　英語が母語である人も，外国語である人も，英語の発音や綴り方，語の意味，語と語の関係などを徐々に身につけていく．その過程でさまざまな疑問を抱き，言葉の本質に触れるような事実に気づくことがあるであろう．しかし，英語の構造や特異な現象の多くは，英語の母語話者はもとより，教師や研究者でさえ簡単に説明できるほど平易なものではない．その大きな原因は，英語の発音，綴り字，語の意味，語順などが長い間に激しく変化したことから，過去にさかのぼらなければ説明できないものが数多くあることにある．もう一つの原因は，言語は自然科学とは異なり，

同じ条件が整っていても，昔と同じ変化が生じるとは限らず，また，言語によって生じる変化がさまざまで，日本語に生じる変化が英語に生じるとは限らないことにある。

　現在用いられている英語は過去1500年以上の間に生じた激しい変化の結果である。それゆえ，英語のさまざまな疑問に答えるためには，長い歴史の壁を乗り越えねばならないことが少なくない。しかし，長く閉ざされていた歴史の扉を開ければ，かつての英語がよみがえり，現在の英語はもとより，系統がまったく異なる日本語などとの比較や対照が可能となり，意外な事実が次々と浮かび上がってきて，学問の面白さを実感することができる。

　本書の目的は，英語の史的変化と日本語との比較対照という視点を軸に据えて，英語の特徴を浮かび上がらせ，英語に関するさまざまな現象や疑問を解明することである。著者が研究の過程で気づいた事実や面白い現象はたくさんあるが，このたび，その中から特に興味深いものを選んで一冊の本としてまとめてみた。本書はもともと体系的で網羅的な教科書や入門書を意図してはいない。それゆえ，読者には本書を通読するのではなく，興味ありそうなテーマを適宜選んで読んでくださることをお勧めしたい。本書によって英語の歴史に興味を抱く人が増え，英語や日本語などの言葉に対する関心が深まれば望外の幸せである。

　本書の完成までに多くの方々から貴重な助言と情報を得ることができました。紙面を借りて厚く御礼申し上げます。とりわけ，開拓社の川田賢氏には本書の構想の段階から校正に至るまでの御尽力に対し深く感謝いたします。

2010 年 7 月

　　　　　　　　　　　　　　　　　　　　　　　藤原　保明

目　　次

まえがき　*v*

第 1 章　音の話 …………………………………………………… *1*

1　音位転換の原則　　*2*
　はじめに／音位転換あれこれ／音位転換の分析／音位転換の仮説／日本語以外の言語における音位転換／まとめ

2　[l] の出没　　*10*
　はじめに／[l] の発音方法——(1)「明るい 'l'」／[l] の発音方法——(2)「暗い 'l'」／暗い 'l' の見分け方／[l] の脱落の原因／[l] の起源を探る／まとめ

3　摩擦音の分布の謎　　*16*
　はじめに／英語の摩擦音／[f~v] の分布の特徴／[s~z] の分布の特徴／[ʃ~ʒ] の分布の特徴／古英語の摩擦音／語頭の有声摩擦音 [v, ð, z] の出現／摩擦音 [f, θ, s] の音変化の謎／まとめ

4　音をつなぐ——連結音，渡り音，母音接続　　*24*
　はじめに／嵌入(かんにゅう)の 'r'／連結の 'r'／語中に生じる連結音／日本語の連結音——渡り音／英語の渡り音／英語と日本語の母音接続／不定冠詞と母音接続／こぼれ話

5　音がない音——声門閉鎖音　　*31*
　はじめに／声が出る仕組み／声門閉鎖音という音／英語の声門閉鎖音の分布／英語の声門閉鎖音／古英語の声門閉鎖音／まとめ

6　英語の等時性と発音の原則　　*39*
　はじめに／英単語の発音の基本原則／日本語の「モーラ」／英語の句の音読の原則／節と文の音読の原則／強勢語の同定／英単語の弱形／等時性の問題点——アクセントと音価／まとめ

第2章　文字と表記の話 ………………………………… *49*

  1　「ん」の出現　　*50*

    はじめに／「五十音図」と「いろは歌」の中の「ん」／「ん」の導入／音便の出現とその表記／「ん」の表記／「ん」の音価／「ん」の表記の問題点／「ん」の表記の由来／まとめ

  2　「かな」書きのすすめ　　*58*

    はじめに／漢字の読みと仮名の関係／漢字と国字／仮名から読み解けるもの／まとめ

  3　綴り字と音の対応　　*63*

    はじめに／英語の音と綴り字の対応／英語の母音変化と綴り字の対応／英語の子音変化と綴り字の対応／フランス語の綴り方の影響／まとめ

  4　発音と表記の問題　　*69*

    はじめに／英語の発音表記／英語の発音表記の問題点／実際の発音に近い音声表記／発音記号の使い方／母音の発音と表記／長母音と二重母音の発音／子音の発音と表記／むずかしい子音の発音方法／まとめ

第3章　語と用法の話 ……………………………………… *81*

  1　二重語の成立　　*82*

    はじめに／二重語の成立／英語の中の二重語／日本語の二重語／まとめ

  2　否定表現　　*87*

    はじめに／日本語の否定表現／英語の否定表現／英語の否定辞の史的変化／英語の否定文の史的変化／まとめ

  3　動詞の形成と語形変化　　*93*

    はじめに／不規則動詞の規則性／規則動詞と不規則動詞／古英語の動詞の活用／日本語の動詞の語形変化／まとめ

  4　Be 動詞の機能と用法　　*102*

    はじめに／Be 動詞の語形／Be 動詞の形態と分類／Be 動詞の系統と史的変化／To＋原形不定詞をさかのぼる／まとめ

  5　複合代名詞の再帰用法の出現　　*109*

    はじめに／複合代名詞の形式と用法／複合形の再帰用法／複合

形の史的変化／複合形の再帰用法の史的変化／まとめ

第4章　文と語順の話 …………………………………… *117*

1. 等位表現と語順　　*118*
   はじめに／等位表現と語順／等位句の形式／等位句の構成素の配列／日本語の等位句と語順の原則／英語の等位句と語順の原則／古英語の等位句と語順／まとめ

2. 非人称構文　　*123*
   はじめに／非人称の'it'と予備の'it'／日本語に非人称構文は存在するか／ドイツ語の非人称構文／非人称構文の史的変化／まとめ

3. 比較表現　　*129*
   はじめに／日本語と中国語の「以上，以下」／英語の than と日本語の「より」／英語の than の用法と品詞の違い／英語の than をさかのぼる／ラテン語の比較構文／まとめ

第5章　命名の話 …………………………………………… *137*

1. 地名と人名をさかのぼる　　*138*
   はじめに／熊本弁あれこれ／熊本の地名探訪／イギリスの地名／イギリスの地名の語源／英語の人名の起源／まとめ

2. 数字と命名　　*145*
   はじめに／日本語の命名法／英語圏での命名／英語の命名の歴史／ゲルマン民族と命名法／キリスト教の伝来と命名法の変化／日本語の命名法と数字／まとめ

3. 数字の読み方と教え方　　*151*
   はじめに／日本古来の訓読みによる数え方／日本語と英語の数字の音読み／日本語の数字の読み方の混乱／日本語の数字の訓読み／日本語の序数詞の訓読みと音読み／英語の序数詞の形成／まとめ

4. 月の名称の由来　　*159*
   はじめに／日本語の月の名称の由来／英語の月の名称の由来／ドイツ語とフランス語の月の名称の由来／まとめ

5. 曜日の名称の由来　　*166*

はじめに／英語の曜日の由来／古代ゲルマン民族の伝統と曜日の呼称／曜日の名称の形成方法の史的変遷／まとめ

第 6 章　言葉遊びの話 ……………………………………… *173*
　1　なぞなぞ　　　*174*
　　はじめに／日本語のなぞなぞ／英語のなぞなぞ／古英語の「なぞなぞ」／まとめ
　2　早口ことばと舌もつれ　　　*181*
　　はじめに／舌もつれと拗音／舌もつれと拗音の仮説／拗音以外の音節と舌もつれ／舌がもつれない「早口ことば」／英語の早口ことば／まとめ
　3　回文　　　*188*
　　はじめに／回文／日本語の回文／和歌の回文／俳句の回文／中国語の回文／英語の回文／日本語と英語の音節構造／まとめ

参考文献 ……………………………………………………… *199*
索　　引 ……………………………………………………… *203*

第 1 章

音 の 話

1 音位転換の原則

はじめに

　子供が生まれると，たいていの家庭では成長の様子が写真やビデオなどに記録される。身体の発育のみならず，幼児の言葉の習得過程も関心の的となる。わが家も例に漏れず，しばらくは子供の成長記録を取り続けていた。もっとも，わが子の言葉の発達は記録より記憶のほうに残りやすい。たとえば，長男がまだおむつを当てていた頃，姉の言動に憤慨して，「ふん，カバ！」と言ったことを鮮明に覚えている。ある時，この子がチョコレートをほしがって「コチョ！」と言ったことがある。それで，カバを知らないはずの長男が発したあの時の「カバ！」はきっと「ばか！」のつもりだったに違いないと合点した。どの子だったか，一時期「やわらかい」を「やらわかい」といっていたことがある。

音位転換あれこれ

　このように，音の位置が入れ替わる現象は，「音位転換」または「音声(の)転換」(metathesis) と呼ばれ（『音聲學大辞典』(1976: 160-161)），子供の発話に限らず，大人の場合にも生じる。そして，入れ替えられた音はその場限りの言い間違いで終わることが多いが，そのまま長く定着してしまうこともある。たとえば，「草餅」は「よもぎ餅」とも呼ばれるが，毎年田舎から送られてくるのは「よごみ餅」である（『国語大辞典』(1980: 98)，『日本方言大辞典』(2004: 1328)）。それを家族が「舌鼓（したつづみ）」ならぬ「舌づつみ」を打って食べる。

　寒い頃に咲く「さざんか」は，漢字で書くと納得いくが，「山茶花（さんざか）」が訛ったものである。「ぶんぶくちゃがま」と「ぶんぶくちゃまが」はどちらが正しいかと聞かれると一瞬迷うが，漢字で「茶

釜」と書くと「ちゃがま」が正解だとわかる。

「新しい」と「新たな」では，「あたら」と「あらた」の下線部の2文字が入れ替わっているが，「新しい」と「新たな」では意味と用法が微妙に異なる。両者は単なる音の入れ替えではなく，かなり古い時代に別々の語の間で混同が生じた可能性がある（『日本語源大辞典』(2005: 62-63, 90-91)）。

一方，最近は海外にも名を馳せている東京の秋葉原（あきはばら）の場合，読み方とその起源については注意を要する。たとえば，『広辞苑』(2008) と『大辞林』(2006) はともに元の呼び名は「あきばはら」としているのに対して，平凡社の『世界大百科事典』(1972) は「あきはがはら」と呼ぶのが正しいとしている。

この地名の由来となっている静岡県にある秋葉神社についても，読み方は「あきばじんじゃ」と「あきはじんじゃ」に分かれている。筆者はその正否を論じる十分な資料を持ち合わせていないが，仮に秋葉原の古い呼び名が「あきばはら」であったとしたら，現在の「あきはばら」は音位転換によって生じたことになる。

しかし，「あきはがはら」だったとしたら，「あきばはら」となるにはどのような過程を経ることになろうか。まず，「あきはが」の「が」が脱落することになるが，これはそう簡単ではない。なぜなら，日本神話でいう天上界の「高天原（たかまがはら）」はさておくとして，山梨県中南部に広がる大樹林地帯の「青木ヶ原（あおきがはら）」の場合，「が」は現在でも維持されていることから，「あきはがはら」の「が」はいつ脱落したかが問題となる。

「たかまがはら」または「たかまのはら」の場合には，「高天原」と書かれ，「が」または「の」は一般に表記されない。そこで，「秋葉原」の場合も「が」または「の」がもともと明記されていなかったと仮定しよう。この場合，「秋葉原」はどのように呼ばれたかが問題となる。

「あきは」のほうが由緒正しいとしても，「あきははら」では語呂が悪い。そこで，連濁（れんだく）という現象が生じたと想定すると，「あきはばら」と「あきばはら」の二とおりの可能性が出てくる。前者の場合にはすんなりと現在の呼び名となるが，後者の場合には，「音位転換」によって「あきばはら」となった時期を特定する必要がある。この点はその道の専門家に委ねることにしたい。

音位転換の分析

音位転換は聞き間違いや言い損ないによって生じたものであるが，どの語にも無条件で生じるわけではない。また，日本語に固有のものなのか，それとも言語の違いを越えた普遍的な現象なのかという素朴な疑問を抱く人も少なくないと思われる。そこで，まず日本語からこれらの課題に挑んでみよう。

最初に，(1)のようなごく普通の例について検討してみたい。これらの例では，下線部の隣り合った2文字が入れ替わっている。入れ替わった2文字はいずれも子音＋母音（たとえば，「ば」は ba,「は」は ha）で構成されているので，単一の子音を C，短母音を V で表すと，-baha → -haba, -rata → -tara, -gomo → -mogo のように，隣接する2組の CV が入れ替わっているように見える。

(1) a. 秋葉原： あきばはら → あきはばら
    b. 新し： あらたし → あたらし
    c. 晦： つごもり → つもごり
    d. 茶釜： ちゃがま → ちゃまが

ちなみに，日本語の仮名は音節文字と呼ばれ，「あ，い，う，え，お」という母音はもとより，「か行」から「わ行」の子音＋母音も1文字で表されている。もっとも，「わ行」で現在も広く用いられているのは「わ」だけであり，「ゐ」，「ゑ」，「を」の3文字はかつ

て用いられていた wi, we, wo の名残である。「わ行」の三つ目の「う」は理屈の上では wu であり、はるか昔は英語の wood [wʊd], wool [wʊl], wolf [wʊlf] のように、半母音の [w] を伴って発音されていたのかもしれないが、wu に対応する仮名は少なくとも現在は知られていない。さらに付け加えると、「ん」は太古の昔から用いられていた音ではなく、比較的新しいものであり、他の音節文字と同等の資格を持っている。

話を音位転換に戻して、次の (2) の例について検討してみよう。これらの例の場合、(1) の例のように下線部の 2 文字が入れ替わったとしたら、「つるべ」は「つべる」、「つぐみ」は「つみぐ」、「よもぎ」は「よぎも」になるはずである。しかし、実際にはそれぞれ「つぶれ」、「つむぎ」、「よごみ」となっている。すなわち、-rube → -bure, -gumi → -mugi, -mogi → -gomi となっていることから、(1) の例のような 2 組の CV の置換、すなわち、-rube → -beru, -gumi → -migu, -mogi → -gimo のような交替は生じてはいない。

(2) a. 釣瓶: つるべ → つぶれ
b. 鶫: つぐみ → つむぎ
c. 蓬: よもぎ → よごみ

そこで、今度は音位転換の例を仮名ではなく、ローマ字表記に変えて検討してみたい。最初に、(1) と (2) の例はいずれも (3) のように子音だけが入れ替わると仮定してみよう。すると、(1) と (2) の音位転換の例はすべてうまく説明できる。

(3) a. (= (1a-d)): akibahara → akihabara, aratashi → atarashi, tsugomori → tsumogori, chagama → chamaga

b. (= (2a-c)):　　tsurube → tsubure,　　　tsugumi → tsumugi,
　　　　　　　　　　　　yomogi → yogomi

　それでは,「さんざか」→「さざんか」の場合はどうであろうか。「ん」も含め,すべてローマ字表記にして,(1),(2)と同じように,隣接する子音同士が入れ替わると仮定してみる。すると,sanzaka → saznaka となってしまい,sazanka という正しい形は得られない。なぜだろうか。

　実は,日本語の「ん」は,「な行」の na, ni, nu, ne, no を形成する子音 [n] とは異なり,さきほど述べたように,単独で (C)V と同等の単位を構成することが可能なのである。このことは,たとえば,日野草城の俳句「ところてん煙のごとく沈みをり」の「ん」をみればよくわかるが,「ん」はCVまたはVから成る他の文字と同様,指折り数えることのできるモーラ(mora)と呼ばれる長さの基本単位となっている。

　そこで,この「ん」を n とは区別して N と表記する。ついでに,N は n とは異なり,「母音の前には生じない」(言い換えれば,「子音の前か語末には生じる」)という制約も加えておくことにしよう。

　そうすると,「さざんか」の場合には (4) のような音変化が生じたと考えられる。すなわち,N は母音の前には生じられないことから,saNzaka → sazNaka という変化は起こらず,その代わり,N は単独で移動して k の前にきて sazaNka となったと説明できる。ただし,N の移動に伴い,[n] → [ŋ] という音声変化が生じることを忘れてはならない。

　(4)　山茶花:　saNzaka → sazaNka

音位転換の仮説

　(1)-(4) の例の共通点は,音位転換は「3音節以上の語で,2音

節以降の隣接する音節間で生じる」ことである。そこで，これを暫定的に音位転換の仮説とみなし，次に，幼児の発話に生じやすい (5) のような音位転換の例について検討してみよう。

(5) a. 体： からだ → かだら (= karada → kadara)
　　b. 手紙： てがみ → てまぎ (= tegami → temagi)
　　c. 眼鏡： めがね → めなげ (= megane → menage)
　　d. 卵： たまご → たがも (= tamago → tagamo)
　　e. 御負け： おまけ → おかめ (= omake → okame)

これらの例も (5) のようにローマ字表記にすると，隣接する 2 文字ではなく，2 音節間の 2 子音の間での入れ替えが生じていることがわかる。そうなると，大人の言葉でも幼児の言葉でも，音位転換という現象はまったく同じ原則で起こっていることになり，先ほどの暫定的な仮説の妥当性が検証され，一般原則として提案できそうである。

ただし，冒頭に紹介した幼児の音位転換の例（「バカ → カバ」と「チョコ → コチョ」）は 2 音節語で生じていることから，原則に反する。しかし，言語習得の途上にあり，記憶容量が少なく，片言しか操れないほど小さな幼児の使用例の一部は対象外とみなしても止むを得ないであろう。

前述のとおり，日本語では短音節のモーラが基本単位となっているが，「さざんか」の N を別にすれば，音位転換という現象にモーラという単位がまったく関与していないことがわかる。そうなると，「さんざか」にはどうして例外的な現象が生じるのかという疑問が出てくる。

そもそも，「ん」は日本語にはもともと存在せず，中国から渡来した漢字に含まれていた音節末尾の [n] と，日本語の「撥音便（はつおんびん）」という音変化によって生じたものである。「山茶花（さざんか）」は明らかに

日本古来の読み方ではないことから，他の例とは異なる特別な規則の適用を受けた可能性がある。

ちなみに，『時代別国語大辞典』(上代編) (1994) には「山茶花」は収録されていない。ところが，同じ辞典の室町時代編には「山茶花」は「さざんくわ」として登場し，「さんざくわ」とも呼ばれていたと記されている。ただし，「山茶」は「椿」の漢名であり，「さざんか」は「茶梅」のことであるらしい (『角川古語大辞典』(1984))。この件はこれ以上深入りすると混乱するので，本節では音位転換という現象に徹したい。

日本語以外の言語における音位転換

次に，日本語以外の言語の音位転換について，日本語の場合と類似の原則に支配されているかどうか探ってみよう。たとえば，8～11世紀頃の古英語では (6) のような音位転換の例が確認されていて，(6a) では隣接する子音 (とりわけ r) と母音，(6b) では隣接する子音同士がそれぞれ交替するが，いずれの例においても，音位転換は直接隣り合う2音に限られ，母音を飛び越えて子音が入れ替わることがない点は日本語の場合と決定的に異なる (藤原 (1996: 212-214))。

(6) a. 隣接する r と母音の交替: bridd > bird 'bird', drit > dirt 'dirt' (汚物), frost > forst 'frost', þridda [θríddɑ] > þirda [θírdɑ] 'third'

　　 b. その他の場合: æspe [ǽspe] > æpse [ǽpse] 'aspen-tree', ascian [áskıɑn] > axian [áksıɑn] 'ask', botl > bold 'house', cosp > cops 'fetter', frosc [frosk] > frox [froks] 'frog', sedl > seld 'seat', spatl > spald 'spittle' (唾液), tusc [tʊsk] > tux [tʊks] 'tusk' (牙), wlisp >

wlips 'lisping'（舌足らずで発音すること）

ちなみに，(6) のうち，音位転換を引き起こした形式が現在も用いられているのは (6a) の bird, dirt, third だけであり，他の語は転換以前の語形が維持されている。このことから，古英語の音位転換の大半は一過性のものであったことになる。また，イギリス南部の標準英語では，bird [bəːd], dirt [dəːt], third [θəːd] のように，同一音節内の母音の直後にくる r は発音されないことから，これらの語ではかつての音環境が変わってしまっていて，音位転換以前の状態に戻れなくなっている。

一方，英語以外のヨーロッパの言語の中には，(7) のように日本語と同じように母音を挟んで子音が入れ替わるものがある (Paul (1975: §45))。

(7) イタリア語の方言における音位転換の例
grolioso 〜 glorioso 'glorious'（栄誉ある），palude 〜 padule 'marsh'（沼地），aguaja 〜 ajuga 'tide'（潮流），telefrago 〜 telegrafo 'telegraph'（電報）

まとめ

日本語はモーラ言語であり，仮名は音節文字である。それゆえ，子音＋母音は緊密に結合した単位として，音位転換の場合にも両音が分離することはないと思われるが，実際にはこの結束は破られ，子音だけが入れ替わる。この事実は分析を行った筆者にとっても大きな驚きであった。

英語と日本語以外のさまざまな言語の音位転換の例を分析して，個々の言語における原則を引き出し，音節構造と音位転換との関係を調べると，興味深い事実が発掘できそうである。

2　[l] の出没

はじめに

　日本人が英語を外国語として学ぶ場合、さまざまな問題に直面するが、とりわけ、日本語で用いられない音をいかに習得するかは大きな課題となる。耳で聞くだけの練習に頼ると、似たような日本語の音で代用してしまい、いつまでたっても英語らしい発音が身につかない恐れがある。英語を母語とする人の口の開き具合や唇の形状などを観察しながら直接まねるのが最良の方法であろう。しかし、紙面ではこのような方法は不可能であるので、次善の策を紹介したい。この節では [l] を例に取り、正しく発音できる骨(こつ)を紹介してから、この音の特異な側面について詳しく説明したい。

[l] の発音方法──(1)「明るい 'l'」

　よく言われることであるが、日本人は [l] と [r] を区別できないから、英語の rice (米) も lice (しらみ) もライスになってしまう。より正確に言うと、日本語には [l] の音が存在しないために、いずれの語も [raɪs] となる。それでは、lice という語の冒頭にくる [l] の発音はむずかしいかというと、そうではない。

　舌の先端部分を上の歯茎にしっかりと押しつけた状態で、口を横に広げ、日本語の「ア」より少し大きめに口を開けて「ラ」と言って、舌を歯茎から離すと、英語の [lɑ] になる。「リ」、「ル」、「レ」、「ロ」も同じ要領で発音すればよい。母音の前にくる [l] の発音はこれで習得できる。ちなみに、舌先を上の歯茎に軽く触れただけで発音すると、[l] ではなく [r] に近い音になってしまう。このように、母音と [j] の前に生じる [l] はかなりはっきりした音になるので「明るい 'l' (clear l)」と呼ばれる。

[l] の発音方法──(2)「暗い 'l'」

問題はむしろ all, oil, sell, tail のように語末にくる [l] と，belt, field, film, help のように子音の前にくる [l] の発音にある。このような [l] の場合，舌先を上の歯茎にしっかり押しつけないと，息が舌の両側から出ないことから，[ʊ] ([u] でもよい) や [r] に近い音になってしまう。

もう一つ注意すべき点は，apple [æpl], camel [kæml], little [lɪtl], parcel [pɑːsl], trouble [trʌbl] のように子音 + [l] で終わっている場合，二つの子音の間に母音が入らないように，[l] の前にくる子音の直後にすみやかに [l] を発音することである。

母音と [j] の前以外の位置に生じる [l] は，「明るい 'l'」と比べると音がややぼやけることから，「暗い 'l' (dark *l*)」と呼ばれ，発音記号では [ɫ] が用いられる。なお，最近の大型の英和辞典にはこの記号を採り入れているものもあるので，参照してみるとよい。

暗い 'l' の見分け方

次に，「暗い 'l'」を注意深く観察してみたい。will, shall, can の過去形を書くように指示されると，だれでもためらわずに would, should, could と書くであろう。いずれも過去を表す語尾 -d が付加されているが，その前の l はどうであろうか。would と should の原形はそれぞれ will, shall であるから，この ll は l として過去形にも引き継がれていると考えるのが自然であろう。

しかし，could の場合，原形は can であるから，l はどこから来たのかということになる。事実，今から 600 年程前の文献を見ると，could は coude または cowde (いずれも [kúːd(ə)]) と書かれていて，l は見当たらない。だれかが should と would から類推して，l を挿入して could と書き，その後この語形が徐々に広まり，定着してしまったと考えられる。しかし，挿入された非語源的な l は

would, should の語源的な l と同様，現在では発音されない。

　ところが，これらの助動詞と同じように，-ld で終わる bold, field, world などの名詞や形容詞，さらには sold, killed, told などの動詞の過去および過去完了形も -ld で終わるが，これらの l はすべて [l]（正確には [ɫ]）と発音される。それでは，should と would の l は発音されないという事実はどう説明すればよいのであろうか。

　would, should, could は，-ld で終わる他の語とは異なり，一般に強勢が置かれない助動詞であり，いずれも I'd 〜, They'd 〜, You'd 〜 のように先行する語と結合し，接尾辞の -d だけになってしまうことがある。それゆえ，弱く短く発音される無強勢語は [l] の脱落と関係がありそうである。

　しかし，ややこしいことに，強勢があっても，子音に先行する l が発音されない folk, half, talk, walk のような語がある一方で，l が発音される halt, malt, salt のような語がある。ちなみに，[l] がかつて一度脱落して，その後，綴り字も発音も復活した emerald, fault, realm, soldier のような語があることから，話は一層ややこしくなる。

[l] の脱落の原因

　いずれにせよ，脱落する [l] は子音に先行する「暗い 'l'」に限られることから，[l] の脱落の原因を探るには「暗い 'l'」の特徴を探る以外に妙案はない。そこで，「暗い 'l'」の調音方法に戻ってこの音を詳しく観察してみよう。

　たとえば，tall という語の [l] を長く発音すると，有声の呼気が舌の上部を通って口の両側から通り抜けるのが確認でき，[l] は有声の持続音であり，母音に似た響きをもっていることもわかる。「明るい 'l'」は [ɪ, e, æ] に似た響きをするのに対して，「暗い 'l'」

は [ʊ, o, ɔ] に近い共鳴をする。そのために,「暗い 'l'」が発音されると, [l] の前に [ʊ] または [o] があるように聞こえたり, [l] に先行する子音によっては [l] そのものが聞こえないことがある。

Kenyon (1950: 155) によると, アメリカの方言では calculate [kǽlkjəleɪt]「計算する」は [káʊkəleɪt] と発音されたり, 幼児が語頭の「明るい 'l'」と後続の前母音の [ɪ] を区別せず, little を [ítʊ] と発音することがある。子供が milk を [mɪʊk] と発音するのも,「暗い 'l'」が後母音に似た共鳴を持っているせいである。

一方, Wells (1982: 259) によれば, イギリスのロンドン近郊でも, 語末と子音の前の [l] は [o] または [ʊ] へと変化し, たとえば語末の fall, feel, middle はそれぞれ [fɔːŏ], [fiːŏ], [mɪdŏ] となり, 子音の前の bulb, milk, shelf はそれぞれ [bʌŏb], [mɪŏk], [ʃɛŏf] となる (なお, [ŏ] は非音節的な [o] を表す)。

身近なところでは, unbelievable を「アンビリーバブル」ではなく「アンビリーバボー」と片仮名で表記してあるのを見かけることがある。英語の [-bl] が日本語で [-boː] となっているが, 英語で生じた「暗い 'l'」の母音化が日本語にも反映されている一つの例である。もっとも, このような母音化は綴り字 l の付加や脱落を引き起こすほど古いものではなく, せいぜい過去 100 年ほどの間に生じたものである (Wells (1982: 259))。

[l] の起源を探る

そこで, もう少し昔にさかのぼって考える必要がある。最初に, 古英語期から用いられていて, 現在は一般に「暗い 'l'」として発音されている語を取り上げよう。(1a) の語は現在では [l] で終わるが, (1b) の語では [l]＋子音で終わる。(1a) を見ると, 最初は必ずしも [l] で終わっていたとは限らないことがわかる。一方, (1b) の場合, [ɪ, e] のような前母音の後の [l] は脱落せず, [ɔ, ɑ]

のような後母音の後の [l] は脱落しやすいことがわかる。この脱落は [ɔ] または [ɑ] の前の [l] が 15 世紀初頭に [ʊ] へと母音化したことによって生じ，さらにこの結果生じた二重母音 [ɔʊ] と [ɑʊ] はその後 18 世紀までに長母音の [ɔː] へと変化したことが知られている (Kenyon (1950: 156), Gimson (1989: 205))。

(1) a. [l] で終わる語
    all [ɔːl] < OE (e)al(le), idol [áɪdl] < OE īdel, little [lɪtl] < OE lȳtel, riddle [rɪdl] < OE rǣdels(e), sell [sel] < OE sellan

b. l+子音で終わる語
    alms [ɑːmz] < OE ælmesse, elm [elm] < OE elm, filth [fɪlθ] < OE fylþ, folk [fɔːk] < OE folc, half [hɑːf] < OE h(e)alf, malt [mɔːlt] < OE m(e)alt, silk [sɪlk] < OE seol(e)c, walk [wɔːk] < OE wealcan, yolk [jɔːk] < OE geol(o)ca

次に，中英語期から用いられ始めた語と l の発音との関係を調べてみよう。1066 年のノルマン征服の結果，フランス語を話す国王と廷臣たちによるイギリス統治が始まると，大量のフランス語が英語に借用されるようになる。15 世紀末までに約 1 万語が借用され，そのうちの約 7,500 語は今でも用いられている。ラテン語も学問用語を中心に借用された。

これらの借用語に含まれている「暗い 'l'」は，語や音節の末尾にくる場合，(2a) のような語では脱落しない。しかし，(2b) のように，その他の位置に生じると，脱落や再導入などの過程を経る場合があることから，個別に確認せねばならない。たとえば，colour, pulp, ulcer などはラテン語の [l] をそのまま維持しているが，almond の場合，古フランス語の alemand(r)e は中英語では

almo(u)nde として用いられていることから，[l] は 15 世紀以降に消失したものと思われる。

(2) a. 語や音節の末尾の l
actual, conceal, cruel, double, final, metal, principal, scandal, strangle, subtle, travel, usual, cruelty
b. その他の位置の l
almond, colour, pulp（果肉，パルプ），pulpit（説教壇），ulcer（潰瘍）

一方，(3a, b) の falcon と soldier のように，借用時のフランス語では l はすでに消失していたが，15 世紀末からのラテン語化の影響によって復活することがある。この場合，発音はいわゆる綴り字発音（spelling pronunciation）である。さらに，(3c, d, e) のように，ラテン語化の影響で [l] は復活したが，その後に母音化し，綴り字だけが残されたものもある。

(3) a. falcon（< ME faucoun < OF faucon < Late L falcōnem）
b. soldier（< ME soudier < OF soudiour < Late L sol(i)dum）
c. balm（< ME baume < OF ba(u)(s)me < L balsamum）
d. palm（< paulme < ME paum(e) < OF paum(e) < L palmam）
e. salmon（< ME samoun < OF saumon < L salmōnem）

まとめ

以上のように，「明るい 'l'」の場合，発音上も史的変化の観点

からも問題は生じないが，「暗い 'l'」の場合，綴り字と発音の関係はきわめて複雑であり，現在用いられている語形と発音の情報を駆使しても，有効な一般化を導き出すことはむずかしい。しかし，「暗い 'l'」を調音上の特徴と歴史的変化の過程という視点で捉えてみると，「暗い 'l'」の母音化や脱落，およびルネッサンス期の復活などの過去の経緯が浮かび上がってきて，現代英語の「暗い 'l'」の存在とその音声上の意義について明解な説明ができる。

　ともかく，英語が母語である者も，外国語である者も，英語の学習という観点から最も大切なことは，現在の英単語に含まれる l または ll が発音されるか否かを辞書で確認して，正しい発音を習得することである。

3　摩擦音の分布の謎

はじめに

　世界で約 4000 の言語が用いられているが，これらの言語はいずれも母音と子音によって作られている。ところが，どのような音が用いられるかは言語によって異なる。たとえば，子音を例にとると，肺から出てきた息（＝呼気）が発音器官のどこかで一度完全に止められ，圧縮された後，口から出される閉鎖音（stops）（[p∼b, t∼d, k∼g]）と，呼気が鼻腔から抜け出る鼻音（nasals）（[m, n, ŋ]）はいずれも日本語でも英語でもよく用いられる。

　これとは対照的に，呼気が発音器官の狭い隙間を通過する時に生じる摩擦音（fricatives）の場合，種類と数は言語によってかなり異なる。たとえば，[f∼v] と [θ∼ð] は英語ではごく一般的な音であるが，日本語では用いられない。一方，[ç] と [ɸ] は「人(ひと)」や「不思議(ふしぎ)」などの語の初頭音として日本語ではよく用いられるが，

英語ではなじみのない音である。しかし，全体としては，英語の摩擦音は種類が豊富であり，興味深い特徴を示すことから，ここではその詳細を見ることにしよう。

英語の摩擦音

最初に，上の前歯と舌先の狭い隙間を呼気が通り抜ける時に生じる摩擦音 [θ～ð] を取り上げよう。古代ギリシアやローマの人々はこれらの音を用いたことはなく，現在でも英語やアイスランド語など，ごく少数の言語だけに生じる特殊なものである。しかも，両音の分布の違いについては，英語を母語とする人々もほとんど意識していないと思われる。そこで，まず [θ] と [ð] で始まる語を取り上げ，どのような特徴が見られるか探ってみたい。

(1) a.　[θ] で始まる語

　　Thallium（タリウム），thallus（葉状体），thane（従士），thank, thatch（屋根ふき材料），thaw（解ける），theater, theca（容器），theme, theology, theory, therapy, thermal, thesaurus（シソーラス [=分類語彙辞典]），thesis, thick, thicket, thief, thigh, thin, thing, think, third, thirst, thirty, thistle, thorn, thorough, thought, thousand, thrash, thread, three など。

b.　[ð] で始まる語

　　than, that, the, then, thence, there, these, they（their, them），this, those, thou（thy, thee），though, thus など。

(1) の例を詳しく調べてみると，[θ] と [ð] は共に th と綴られているが，両者には顕著な相違がある。すなわち，[θ] で始まる (1a) のような語は名詞，形容詞，動詞などの大範疇語に限られている。なお，ギリシア語に由来する (1a) の thallium, theater,

theology などの語頭の th- は英語では [θ] と発音されるが，ギリシア語でこの音が用いられていたわけではない。一方，[ð] で始まる (1b) のような語はすべてゲルマン語に由来するが，接続詞，代名詞，指示詞，および語形変化をしない副詞などの小範疇語に限られる。

そこで，[θ～ð] の分布上の特徴を閉鎖音の [p]～[b], [t]～[d], [k]～[g] の場合と比較してみると，その特異性が際立ってくる。すなわち，閉鎖音の [p]～[b], [t]～[d], [k]～[g] の場合，語頭音が有声 (voiced) であるか無声 (voiceless) であるかによって pit～bit, to～do, come [kʌm]～gum [gʌm] のように語の意味に違いが生じるが，品詞の区別まで関わることはない。このように，語頭の [θ～ð] の分布は特異であるが，その原因を探る前に，他の摩擦音，すなわち，[f～v] と [s～z] で始まる語の特徴についても明らかにしておかねばならない。

[f～v] の分布の特徴

最初に，[f～v] で始まる語をいくつか取り上げてみよう。(2a) のような [f] で始まる語にはフランス語起源の語も含まれている。一方，(2b) のような [v] で始まる語には，vat (大樽) や vixen (雌ギツネ) のように，本来は無声の [f] であったが，有声化によって [v] となったゲルマン語起源の語も含まれている。しかし，大半の語はフランス語またはラテン語に由来する。言い換えると，英語には [v] で始まる語は存在しなかったことになる。

(2) a.　[f] で始まる語
　　　　face, fact, fair, fall, false, family, fan, far, farm, fashion, fast, fat, father, fear, feed, feel, fellow, fever, few, fight, fill, find, finger, fire, first, fish, fit, five など。

b. [v] で始まる語

vacation, vague, vain, valid, valley, value, vanish, vapor, vary, vast, vegetable, veil, vein, venture, verb, very, vest, vibrate, vice, victory, view, violate, violin, visible, visit, voice, vote, vulgar など。

[s〜z] の分布の特徴

英語には [v] で始まる語はなかったことについては後で詳しく検討することにして，次に，[s〜z] で始まる語を調べてみよう。まず，(3a) のような [s] で始まる語の場合，該当例がかなり多く，品詞による制約もなく，さらに，起源もさまざまである。これに対して，(3b) のような [z] で始まる語の場合，該当数が少なく，しかもゲルマン語起源のものは一つも含まれていない。

(3) a. [s] で始まる語

sack, sacred, sad, saddle, safe, sage, sail, saint, salad, salary, sale, salmon, salt, salvation, same, sample, sand, sandal, sane, sapphire, satisfaction, sauce, savage, save, saw, say, scale, scant, scarce, scatter, scene, schedule, scholar, school, science, scramble, scream など。

b. [z] で始まる語

zeal, zebra, zero, zest, zigzag, zinc, zip, zodiac, zone, zoo, zoom など。

[ʃ〜ʒ] の分布の特徴

次に，[ʃ〜ʒ] で始まる語を取り上げよう。まず，(4a) のような [ʃ] で始まる語は，品詞による分布上の制約はなく，数も多く，起源も多様である。一方，(4b) のような [ʒ] で始まる語はフランス

語からの借用語に限られ，在来の英語にはまったく生じない．

(4) a. [ʃ] で始まる語

shade, shadow, shaft, shake, shall, shallow, shame, shampoo, shape, share, sharp, shatter, shave, she など．

b. [ʒ] で始まる語

jabot, genre, gigolo, gigue など．

古英語の摩擦音

英語の摩擦音に関するこれまでの事実を総合すると，[ð] で始まる少数の語はゲルマン語の [θ] の有声化によって生じたが，語頭の [v, z, ʒ] はゲルマン語以外の言語に由来する．そこで，古英語までさかのぼり，摩擦音の有声化について掘り下げてみよう．

古英語の場合，摩擦音は文字と音に関して興味深い特徴を示す．すなわち，f, þ (= ð), s という文字はそれぞれ [f～v], [θ～ð], [s～z] という無声～有声いずれの音も表すが，音の分布は限られていた．すなわち，無声音は (5ai) のような語頭か，(5aii) のような語末かのいずれかに生じた．一方，有声音の [v, ð, z] は (5bi) のように，f, þ (= ð), s が母音や他の有声子音に挟まれた場合にのみ生じた．ただし，(5bii) の ff, þþ, ss のような摩擦音の重子音は有声音の間に生じていても [vv, ðð, zz] とはならず，無声音のまま，すなわち，[ff, θθ, ss] であった．なお，sc は (5c) のように無声の [ʃ] を表し，語頭，語中，語末のいずれの位置にも生じたが，有声化して [ʒ] となることはなかった．さらに，h は (5d) のように3種類の無声摩擦音 [ç, x, h] を表したが，対応する有声音は用いられなかった．

(5) a. i. fæder [fǽder] 'father', þanc [θɑŋk] 'thank', sumor [sǔmor] 'summer'

ii.　lēof [léːof] 'dear', pæþ [pæθ] 'path', wīs [wiːs] 'wise'
　b.　i.　lufu [lúvʊ] 'love', wīse [wíːze] 'way', ōþer [óːðer] 'other'
　　　ii.　Offa [óffɑ] 'Offa'（オッファ［人名］), siþþan [síθθɑn] 'since', cyssan [kýssɑn] 'to kiss'
　c.　scūr [ʃúːr] 'shower', blyscan [blýʃɑn] 'blush', fisc [fɪʃ] 'fish'
　d.　hand [hɑnd] 'hand', cniht [knɪçt] 'boy', nēah [nǽːɑx] 'close'

語頭の有声摩擦音 [v, ð, z] の出現

　それでは，現代英語の語頭の有声摩擦音 [v, ð, z] はどのような過程を経て生じたのであろうか。ちなみに，[ʃ] に対応する有声の [ʒ] は，すでに述べたとおり，フランス語からの借用語に限られ，また，[h] は対応する有声音は存在しなかったことから，ここでは考察の対象外とする。したがって，検討対象は語頭に生じる摩擦音 [f, θ, s] に対応する有声音の [v, ð, z] に絞られる。

　最初に，在来語におけるこれらの有声音は対応する無声音の有声化の結果として生じたと説明できる。すなわち，[f, θ, s] は紀元千年前後の古英語期の末頃からイギリス中部の南西地域とテムズ川の南側の地域において強勢母音の前で有声化し始めた（中尾 (1985: 378-379))。そのために，有声音の [v, ð, z] で始まる (6a) のような語はかつてかなり多く見られた。しかし，その後，無声音で始まる語が一般化したことから，現在では有声音を維持しているのは (6b) の例を含む少数の語にすぎない。

　(6) a.　vader 'father', vinden 'find', vor 'for'; þanken 'thank' ([ð-] 以下同様), þinne 'thin', þird 'third'; zik 'sick'（＜古

英語 sēoc [séːok]), zome 'some'（＜古英語 sum [sʊm]), zone 'son'（＜古英語 sunu [súnʊ])

b. vane（風見）（＜古英語 fana [fɑ́nɑ] 'banner'), vat（大桶）（＜古英語 fæt [fæt]), vixen（雌ぎつね）（＜古英語 fyxe [fýkse])

一方，(1b) のような無強勢の小範疇語の語頭における有声音 [ð] は，同じく無強勢の小範疇語の語末における [θ] が有声化して生じた [ð] の類推によると考えられる (Kenyon (1950: §136, §§140-141))。すなわち，with, is, was, has, his, as, of などの無強勢の小範疇語や -(e)s などの屈折語尾の末尾に来る摩擦音は 14 世紀後半から有声化し始めたが（中尾 (1985: 378-379))，その結果，[θ] で始まる無強勢の小範疇語の場合も有声化した [ð] で始まる語が好まれるようになった。

以上のように，現代英語の語頭の有声摩擦音 [v, ð, z, ʒ] のうち，[v, z, ʒ] はフランス語やラテン語などの借用語に含まれていたものであるが，[ð] は在来語の無強勢の小範疇語に生じた [θ] > [ð] という音変化の結果である。強勢があった大範疇語にはこの有声化が生じなかったことから，語頭の [θ] と [ð] の分布に語彙範疇の違いが絡むようになったのである。

摩擦音 [f, θ, s] の音変化の謎

最後に解明せねばならない三つの課題がある。すなわち，i) 強勢母音に先行する [f, θ, s] が古英語末期に有声化した後，再び元の無声子音に戻ったのはなぜか，ii) 無強勢の小範疇語の末尾に生じる [f, θ, s] と屈折語尾の -(e)s [-(ə)s] が中英語後期から有声化し始めたのはなぜか，および，iii) [θ] だけが無強勢の小範疇語の語頭で有声化したのはなぜかという疑問である。

最初に，古英語末期に生じた [f, θ, s] > [v, ð, z] という変化は，

強勢母音に先行する位置にあるにもかかわらず，強子音が弱子音へと変化したということであるから，そもそも音声学的にかなり不自然なものである。それゆえ，このような特殊な変化は，たとえ生じたとしても，一時的かつ特定の地域に限られ，その後，より自然な状態，すなわち，強勢音節の初頭位置では弱子音ではなく強子音を用いるという力が作用したと考えられる。

次に，無強勢の小範疇語の語末で生じた [f, θ, s] > [v, ð, z] という変化は，強勢のない母音の後位置で強子音が弱子音化したものであり，自然な音声現象といえる。この変化が 14 世紀後半から生じたのは，(7a) のように，古英語末期から始まっていた無強勢母音の弱化，および中英語後期から進行していた屈折語尾の子音と弱化母音の脱落の結果として，有声摩擦音が強勢母音の後の語末で生じるようになったからであろう。一方，(7b) のような無強勢の小範疇語や -(e)s などの屈折語尾の末尾にある摩擦音の有声化，すなわち弱子音化はより自然な音声現象として生じたと思われる。

(7) a. OE lufian [lǔvıɑn] > ME loven [lǔvən] > love 'to love', OE baðian [báðıɑn] > ME bathen [báːðən] > bathe [béɪð] 'to bathe', OE wīse [wíːze] > ME wise [wíːzə] > wise 'way'
b. with, is, was, has, his, as, of

三つ目に，前述のとおり，Kenyon (1950: §136, §§140–141) は，無強勢の小範疇語の語頭における [θ] > [ð] という有声化は同じく無強勢の小範疇語の語末における [θ] > [ð] への有声化の類推によるとみなす。しかし，そのとおりであれば，[θ] だけでなく for(-) 'for(-)', syððan 'since, then' (> since) などの語頭の [f] と [s] も類推によって有声化したはずである。しかし，現代英語で

は for, for-, since などの語頭の子音は有声化していない。

それゆえ，無強勢の小範疇語の語頭の [θ] ＞ [ð] という変化は，自然な音声現象であるばかりでなく，(1b) のように該当例が比較的多く，しかも使用頻度が高く，語頭では [θ]～[ð] の対立が生じなかったことから，容易に受け入れられたものと考えられる。

ちなみに，[f] と [s] が無強勢音節の初頭位置に生じる場合に有声化しなかったのは，そもそも該当例がごく少数に限られ，しかも，当時は [v] または [z] で始まる語はすべて外来語であったことから，あえて同音異義語を生じかねない音変化は好まれなかったものと思われる。

まとめ

現代英語の摩擦音の有声・無声の区別と分布の特異性は，古英語期におけるこれらの子音の特性と，それ以降に生じた音変化，およびフランス語からの借用語に含まれていた摩擦音の影響の結果である。

4　音をつなぐ——連結音，渡り音，母音接続

はじめに

今ではもう昔のことになるが，ロンドンで初めての海外生活を送り始め，戸惑いと驚きの日々を過ごしていた頃の話である。渡英以前は，電気製品，時計，カメラなどの日本製品があふれているであろうという想像に留まっていたが，実際に自分の目で確かめてみると，具体的にどのような物が好まれているのかよく理解できた。たとえば，道端に止めてあるほとんどのバイクが日本製であったことは新たな驚きであるとともに，イギリスの若者の好みの一端もわかる気がした。大学の音声学の講義資料に Honda and Kawasakiというバイクのメーカーの名前が出てきて，日本製のバイクがイギリス人の生活に深く入り込んでいることがわかった。

嵌入(かんにゅう)の 'r'

　この節では上述の「ホンダ」と「カワサキ」というメーカーの名前がどのような例として登場したのかということから本題に入ることにしよう。イギリス人の中には Asia and Africa（アジアとアフリカ）のように，母音で終わる語の次に母音で始まる語がくる場合，二つの語の間に [r] を入れて [éɪʒər ən(d) ǽfrɪkə] のように発音する人がいる。Honda and Kawasaki もこれと同じ例として出された。このrは固有名詞に限らず，I saw it, the idea of it, straw in the wind（きざし，予兆）のような日常用いられる英語の中にごく普通に出てくる。

　このように，もともと存在していないにもかかわらず，語と語が接する時に間に割り込んでくる [r] は「嵌入(がんにゅう)の 'r'(intrusive r)」と呼ばれ，イギリスの容認発音 (Received Pronunciation = RP) では一般的な現象である (Gimson (1989: 99, 303-304))。もっとも，このような発音には顔をしかめる人もいるので，英語を母語としない人は真似をしないほうがよさそうである (O'Connor (1980: 61))。

連結の 'r'

　英語を発音する時に母音の連続を避けようとするこのような傾向は他の場合にも見られる。現在の標準的なイギリス英語の話者は，多くのアメリカ人とは異なり，park, perfect, teacher, hear のような語の母音の後にくる r を発音しないことから，これらの語はそれぞれ [pɑːk], [pə́ːfɪkt], [tíːtʃə] となる。このような r はイギリス

南東部では 18 世紀末までに発音されなくなったが (Gimson (1989: 210)), 綴り字には残されている。

ところが, 面白いことに, better off (暮らし向きがよい), here and there, car accident のように, r で終わる語の次に母音で始まる語がくると, この r は昔と同じように復活し, [bètər ɒ́f], [híər ənd ðéə], [kɑ́ːr ǽksɪd(ə)nt] のように発音される。

このように, 語と語を結びつけるために用いられ, 語源的にも根拠のある r は「連結の 'r' (linking *r*)」と呼ばれている (Wells (1990: 578))。綴り字と語源によって保証されたこのような発音はイギリス人にも一般に受け入れられていて, 外国人が真似て発音してもいやな顔をされることはない。たぶん, r を入れたほうが発音しやすく, 自然に聞こえるのだと思われる。「嵌入の 'r'」と「連結の 'r'」の共通点は語と語をつなぐ時に母音連続を避ける働きにある。

語中に生じる連結音

上記の 2 種類の r は語と語の境界に生じるが, 語中に生じる連結音もある。

英語には -r で終わる語がかなり多いが, これらの語はたいてい -ar (calendar, cellar, beggar など), -er (adviser, carpenter, officer など), -or (advisor, conqueror, investor など) のように, 派生語尾が付加されて生じたものである。しかも, -ar, -er, -or などで終わる語のほとんどは名詞として用いられている。

一方, gnar, mar, spar, chatter, gather, shudder, bore, pore, store のように [-r] で終わる動詞も少なくない。これらの語の末尾の [-r] はイギリス南部の標準英語では発音されないが, 接尾辞 -ing が付加された動詞, 現在分詞, 形容詞, 名詞の場合, 語末の -r は発音上復活して連結の役目を果たすことになる (sparing [spáːrɪŋ], gathering [gǽðərɪŋ], boring [bɔ́ːrɪŋ])。

さらに，gnawing [nɔ́ːrɪŋ], hawing [hɔ́ːrɪŋ], thawing [θɔ́ːrɪŋ] のように，-r で終わらない動詞に -ing が付加されると，[r] が挿入されることがある。しかし，このような [r] は語源的ではない非標準的な発音とみなされ，歓迎されない（Wells (1991: 578)）。

日本語の連結音——渡り音

日本語には r で終わる語は存在しないので，英語と同じ r を用いた連結現象は生じない。日本語の場合，「愛」[ai], 「老い」[oi], 「家」[ie] のように，語中で母音が連続していても，これらの音の間に別の音が割り込むことはない。しかし，複合語の場合は連結した母音の間になんらかの音が挿入されることがある。たとえば，「かわいい」はどうであろうか。この語を「可愛い」のように漢字で表記すると問題の所在がはっきりとしてくる。すなわち，「可愛い」の「可」は [ka], 「愛」は [ai] であるが，これを「かあい」と発音する人はまれで，一般には [ka] と [ai] の間に [w] が入り [kawai-i] となる。

それでは，「具合」と「場合」はどうであろうか。これらは一般に「ぐあい」[guai], 「ばあい」[baai] と発音されるが，[w] を挿入して「ぐわい」[guwai], 「ばわい」[bawai] と言う人もいる。このことから，これらの語では [w] の挿入は随意的であることがわかる。ちなみに，私が中学の時，入学式か卒業式で挨拶をした来賓の一人が「場合」を「ばやい」[bajai] といっていた。その時は滑稽な発音と感じたが，その理由がわからなかった。この例では [j] の音が挿入されているが，中舌ないしは奥舌母音の [a] または [ɑ] の間に前舌音の [j] が割り込むことになることから，このような現象は一般的ではない。

このように，ある音から別の音に移る時に何らかの音を挿入し

て発音しやすくする現象は「渡（わた）り」(glide) と呼ばれ，「渡り」に関与する音は「渡り音」(gliding sound) と呼ばれる。

英語の渡り音

　英語で典型的な渡り音は seeing [síːɪŋ] > [síːjɪŋ] や door [dɔə] > [dówə] に見られる [j] と [w] である (Gimson (1989: 215, 217))。(ちなみに，イギリス英語では door の標準的発音は [dɔː] である)。それゆえ，英語の [j] と [w] は日本語の渡り音と同じような働きをしていることがわかる。なお，yard [jɑːd], wet [wet] などの [j] や [w] はもとより，make [meɪk], noise [nɔɪz], mouth [maʊθ] のような二重母音も「渡り音」と呼ばれる (Gimson (1989: 93-95, 127-128))。一方，日本語の「青」[ao],「魚」[uo],「甥」[oi] などの母音の連続の場合は「連母音，母音連結，または母音接続」(hiatus) と呼ばれ，二重母音や渡り音とは異なるので注意する必要がある (『国語大辞典』(1980: 174))。

英語と日本語の母音接続

　英語の渡り音の [i] と [w] を取り上げると，the と a(n)，および to などの発音に触れないわけにはいかない。そこで，次にこれらの語の発音と渡り音との関係を探ってみよう。最初に，英語の定冠詞 the は一般に子音の前では [ðə]，母音の前では [ði] となることは誰でも習って知っている。同様に，不定冠詞の a〜an の場合も，子音の前では a，母音の前では an となると教わっている。しかし，そのような区別の根拠について教わった人はほとんどいないであろう。ここではこの根拠に迫ってみよう。

　日本語の場合，「良い家へ引っ越す」の下線部分をローマ字で示すと iiiee となり，文字の上では母音が5つ連続している。日本人がこの句を普通に発音すると，[ii] と [ie] は連母音であるこ

とから，それぞれの母音間に明確な音は介在しない。しかし，連母音の後と助詞のeの後には声門閉鎖音が生じ，句全体の発音は実際には [iiʔieʔeʔ] となり，3か所に子音が介入する。

日本語でも英語でも，母音接続があると，母音間に休止を置いたり，渡り音などを挿入することによって，母音接続を阻止しようとする現象が生じる。そのために，たとえば the end のように母音で終わる the の次に母音で始まる語がくると，一般に [ðə] は用いられない。あえて用いられる場合は，次の母音の前に声門閉鎖音が生じ，[ðə ʔénd] となる（Wells (2008: 818)）。

一方，[ði] を用いた場合，[ði] と [énd] の間に渡り音の [j] が生じて [ðij énd] となり，母音接続は避けられる。ちなみに，[ðə] の語末の母音 [ə] のような中立位置（neutral position）にある母音で終わる場合，渡り音の [j] と [w] はその次には生じにくい。

不定冠詞と母音接続

不定冠詞の a〜an の場合，apple のように母音で始まる語の前では an が，book のように子音で始まる語の前では a が用いられる。この a〜an の交替は明らかに母音接続を避けるためであるが，この場合の n は渡り音ではない。a〜an の交替現象は少し時代をさかのぼって考えてみる必要がある。

不定冠詞が出現したのは13世紀のことである。それ以前は古英語の数詞 ān [ɑːn] から生じた on [ɔːn] だけであったが，やがて弱形の a と an が不定冠詞として発達してくる。1340年頃までは子音の前でも an が用いられていたが，後に現在のような慣用が確立すると，結果的に an は母音接続を避けるための便法のようになってしまった（『英語語源大辞典』(1997: 41)）。

ちなみに，no, my, thy などの場合も，かつては -n で終わる語形を用いて母音接続が避けられていた。しかし，音変化の結果，現

在の no [nəʊ], my [maɪ], thy [ðaɪ] のように渡り音とほぼ同様の弱母音 [ʊ, ɪ] で終わるようになると，no～non, my～myn, thy～thyn のような交替は不要となり，-n は脱落したと考えられる。

最後に，to の発音にも触れておきたい。一般にはあまり知られていないが, to の弱形には [tə] と [tu] があり，前者は to go, today, tomorrow のように子音の前で生じ，後者は to attack, to earn, to eat のように母音の前で生じる (Wells (2008: 827))。音声的に細かく観察すると，the [ði] の場合と同様に，母音の前の to [tu] には渡り音の [w] が生じて to eat [tuw iːt] となり，母音接続が避けられていることがわかる。

こぼれ話

話は変わるが，「煮凝（にこご）り」という言葉を聞いたことがあるだろうか。魚を煮てそのまま置いておくと，寒い季節は汁が固まってゼリー状になる。それを温かいご飯の上にのせるとゼリーがジワーッと溶けてとてもおいしく食べられる。もっとも，この「にこごり」は冬に限らず，煮魚と汁をわざわざ冷やして固まらせてから食卓に出す料理にも用いられている。

ところで，この「煮凝り」は，もとは「煮（に）+凝（こ）り」であるから，このままでは「にこごり」にはならない。それで，いろいろ考えたり調べたりしてみた。その結果，中国地方や関西地方の一部では「凍（こお）る」ことを「こごる」ということがわかった (『国語学大辞典』(1980: 943),『日本方言大辞典（上巻）』(1989: 1050))。

「凝る」と「凍る」は，中国人の考案した漢字では別々の語として表されるが，物が固くなることはかつての日本語では「こほる」といった (『日本語源大辞典』(2005: 521))。「肩」が硬くこわばっても，「水」が固く凍っても，昔の日本人は同じ現象が生じているとみなし，同じ言葉で表現したと考えられる。この場合，[kohoru]

> [koɦoru] > [kogoru] という変化が生じたと考えられるが（[ɦ]は [h] の有声音），軟口蓋子音の [g] を奥舌母音の間に挿入すると発音しやすくなると感じた人たちが習慣的に用いたものが広まり，煮物が凍った「煮凝り」も「にこごり」のほうが好まれるようになったのであろう。

5　音がない音——声門閉鎖音

はじめに

　日本語が苦手な英米人の発音を観察すると興味深いことに気づく。たとえば，「手」，「蚊」，「音」，「私」などの語は「te」，「ka」，「oto」，「watashi」のように短母音で終わらず，「テェ」，「カァ」，「オトゥ」，「ワタシィ」のようにやや長めの母音となる。ところが，「貝 (kai)」，「芸 (gei)」，「弁当 (bentō)」，「九州 (kyūshū)」のように連母音や長母音で終わる場合には，かなり容易に発音できるようである。

　英語には「曖昧母音」(schwa [ʃwɑː]) と呼ばれる弱くて短い母音 [ə] があるが，この母音は日本語の [a, i, u, e, o] のいずれでもない。英米人はこの母音で終わる banana, China, data のような語はごく自然に発音できる。

　それでは，英米人はどうして [ə] 以外の短母音で終わる語の発音を苦手と感じるのであろうか。この問題は彼らの発音の習慣と深い関わりがあり，しかもこのような習慣は固定したものではなく，長い間に変化することがある。さらに，[ə] は今から千年以上前の英語には存在しなかった。それゆえ，[ə] の出現以前に英語を用いていた人々の発音の習慣はどのようなものであったかが問題になってくる。そこで，この節では日常無意識のうちに用いている発音の習慣に焦点を絞ってみたい。

声が出る仕組み

　胸部エックス線写真を撮る時に「息をとめて」といわれると，小さい子供でもちゃんと息が止められる。また，衝撃的な光景を目にした時は思わず「息をのむ」というが，この場合も呼吸は一瞬止まる。このように，だれでも息は簡単に止められるが，その仕組みと発音との関係を理解している人はそれほど多くはないであろう。そこで，最初に，私たちが音を発したり止めたりする場合の仕組みを探ってみたい。

　私たちが生きていくために不可欠な呼吸活動は，酸素を肺に取り入れて，二酸化炭素を肺から外へ出すことから成り立っている。息は気管を通って肺に出入りするが，気管の上部には喉頭 (larynx [lǽrɪŋks]) がある。その中にひだ状の声帯 (vocal cords) があり，胸部エックス線写真を撮る時やびっくりした時には，この声帯が閉ざされ，息の流れは止められる。

　このような特別な場合に限らず，声帯の開閉は発音と深い関わりがある。たとえば，眠っている時や黙っている時は，声帯は大きく開いていて，息が自由に通過している。この時は「声」(voice) は出ない。しかし，声帯の隙間がかなり狭められ，そこを息が通過すると，声帯は激しく振動し，いわゆる声または有声音 (voiced sound) と呼ばれる音が出る。

　母音は一般にすべて有声音であるから，手のひらを喉に当てて，たとえば「あー」と言うと，声帯の振動が確認できる。有声の子音も声帯の振動によって生じることから，たとえば [z] をしばらく発音し続けると，振動が感じ取れる。ところが，[z] に対応する [s] は無声音 (voiceless sound) であることから，声は出ず，声帯の振動も感じ取れない。この発音の基礎知識を踏まえて，日本語と英語の発音の特徴を探ってみたい。

声門閉鎖音という音

　母と子が絵本を眺めている場面を想定しよう。「これはなーんだ？」と聞かれると、子供は元気よく大きな声で「いちご」、「くるま」、「きつね」などと答える。これらの語を ichigo, kuruma, kitsune のようにローマ字で表記すると、問題の所在がわかりやすくなる。すなわち、いずれも母音で終わっていて、ごく普通に発音した場合、最後の母音の直後で息が軽く止められる。語だけではなく、たとえば、高校野球の選手宣誓の時、「我々は、正々堂々と、戦うことを、誓います！」のように、句点のところで区切って言われるが、この場合もやはり句点の直前の母音の後で息がいったん止められる。

　日本語の単語は助詞も含め、「ん」で終わる場合を除いて、すべて母音で終わることから、激しい運動をした直後は別として、話の途中で息継ぎをする時は母音の直後でいったん軽く息を止める。このように、瞬間的に喉頭の声帯を閉じて息を止めた時の状態は声門閉鎖と呼ばれ、音は出ないが、音声学的には声門閉鎖音 (glottal stop) という個別の音が生じているとみなし、[ʔ] という記号があてがわれる。

英語の声門閉鎖音の分布

　それでは、英語の場合、日本語と同じように声門閉鎖音が用いられるのであろうか。この疑問に答える前に、英語の語末にはどのような母音が生じるのか探ってみたい。最初に、語末に生じる最も一般的な母音は、(1a) のような「あいまい母音」と呼ばれる [ə] である。(1b) のように長母音で終わる場合や、(1c) のように二重母音で終わる例もかなり多い。さらに、(1d) のような無強勢の [i] や [u] も語末に生じる。ただし、[u] は to eat [tu íːt] のように、次にくる語が母音で始まる場合に語末に生じる例外的なも

のである(ただし,前節の母音接続を参照)。いずれにせよ,無強勢母音 [ə, i, u] は直後に息が止められることはなく,自然に弱まって音が消えるか,次の音に移行する。

(1) a. [ə] で終わる語: America, banana, China, data
b. 長母音で終わる語: car [kɑː], dew [djuː], kee [kiː]
c. 二重母音で終わる語: essay [ései], tomato [təméɪtoʊ], window [wíndoʊ]
d. [i] または [u] で終わる語: city [síti], cookie [kʊ́ki], juicy [dʒúːsi]

一方,(2a) のような強勢母音が語末に生じる場合,いずれも強く長く発音されたのち,弱くなって自然に消滅し,最後に息が止められることはない。ちなみに,(2b) のように完全音価を持った短母音は,とりわけ強勢がある場合,いずれも語末の子音の前には生じるが,語末そのものにはまったく生じない。これは日本語の母音の場合と決定的に異なる特徴である。

(2) a. 強勢母音で終わる語
sea [siː], car [kɑː], day [deɪ], tie [taɪ]
b. 完全音価の短母音 [ɪ, e, æ, ɒ, ʌ, ʊ] と分布
sit [sɪt], pen [pen], cap [kæp], hot [hɒt], bus [bʌs], book [bʊk]

日本語に不慣れな英米人が短母音で終わる日本語の単語を発音しにくいと感じるのは,そもそも英語には強勢のある短母音で終わる語が存在しないためである。もっとも,彼らも日本語に慣れてくると,「碁」,「蚊」,「目」などの語を上手に発音できる。

英語の声門閉鎖音

それでは,英語には日本語のような声門閉鎖音は生じないのであろうか。最初に,強勢母音に先行する位置について考えてみよう。イギリス英語の標準的発音では,たとえば,(3a) のように,母音接続が生じていて,2番目の母音に強勢がある場合,慎重な発音では二つの母音の間に渡り音の [j, w] が挿入されず,その代わり,(3b) のように,声帯が振動しない声門閉鎖音 [ʔ] が音節の境界標識として規則的に用いられることが多い (Gimson (1989: 169))。ちなみに,2番目の母音が弱強勢の場合でも,(3c) のように,[ʔ] が挿入されることがある。さらに,(3d) のように嵌入の [r] が生じる可能性がある場合や,(3e) のように連結の [r] が許されている場合でさえ,慎重な話者は [r] の挿入を避け,代わりに [ʔ] を用いることがある。

(3) a. co-operate [kəʊʊ́pəreɪt], geometry [dʒɪʊ́mətrɪ], reaction [rɪǽkʃn]
  b. [kəʊʔʊ́pəreɪt], [dʒɪʔʊ́mətrɪ], [rɪʔǽkʃn]
  c. day after day [déɪ ʔɑːftə déɪ]
  d. law and order [lɔ́ː ʔənd ɔ́ːdə]
  e. better off [bètə ʔɔ́f]

一方,語頭・語中を問わず,語を特に強調したい場合には,(4a) のように,強勢母音の前に声門閉鎖音が置かれる。さらに,声門閉鎖音は母音接続を回避したり,語を強調するだけでなく,語や形態素の末尾の閉鎖音 [p, t, k] を強める場合にも用いられる。すなわち,[p, t, k] で終わる語や形態素の次に子音で始まる語や形態素がくると,(4b) のように,これらの子音は [ʔ] で置き換えられる (Gimson (1989: 169-171))。それゆえ,これらの例では,最初の語や形態素は母音 + [ʔ] で終わることになる。

(4) a. It's [ʔ]empty, It's un[ʔ]eatable
    b. hoppicker [hɒ́ʔpɪkə], upset [ʌ́ʔset], fortnight [fɔ́ːʔnaɪt], sit down [síʔ dáʊn], bookcase [bʊ́ʔkeɪs]

このように，現代英語の場合にも，一定の条件が満たされると，声門閉鎖は語や形態素の末尾の母音の次に生じることがある。日本語と異なるのは，短母音で終わる語の末尾に [ʔ] が規則的に生じないということである。もっとも，英語には1300年以上の歴史があり，この間に他の言語に類を見ないほど激しい変化を繰り返してきたことから，最も古い時代の古英語までさかのぼると，声門閉鎖音が生じる環境は現在と異なっていた可能性がある。そこで，この可能性を探ってみたい。

古英語の声門閉鎖音

古英語では (5) の例のように多くの語は無強勢の短母音で終わっていた。しかも，これらの母音は強勢がある場合と同一の音価であったと考えられる。このことから，これらの無強勢短母音が古英語末期に弱化して曖昧母音 [ə] となるまでは，当時のイギリス人は現在の日本人と同じように，語末の短母音の直後で声門を閉じていたと考えられる。

(5) cyme [kýme] 'coming', hopa [hópɑ] 'hope', ieldo [íeldo] 'age', wudu [wúdʊ] 'wood'

今度は，古英語の語頭に生じる母音について考えてみたい。これらの母音は (6) の例のようにすべて強勢が置かれていたことから，これらの母音がどのように発音されていたか探ってみたい。この疑問を解く鍵は詩にある。すなわち，古英語詩はごく一部の脚韻詩を除いて，押韻方法として頭韻 (alliteration) を規則的に用い

ていることから，この押韻の原則を精査すると解答が導き出せると思われる。

(6) áncor 'anchor', ǽcer 'field', éfen 'even', ínn 'dwelling', órd 'point', únne 'favour', ýfel 'evil'

古英詩の韻律上の単位は (7) のように「行」(line) であり，各行は左右の「半行」(half-line) で構成されている。各行には同じ子音で始まる語または形態素が二つ以上含まれていなければならない。詳しく言うと，左半行には強勢音節の最初の子音が同一となる語は一つないしは二つ含まれるが，右半行では一つに限られている。このように，語または形態素の最初の子音が繰り返される現象は「頭韻」と呼ばれる。頭韻に関与するのは (7a, b) のように，最初の一子音が一般的であるが，[s] の次に [p, t, k] がきて，sp-, st-, sk- という子音連結が形成されると，(7c) のように，同じ連結が繰り返されねばならない。その他，例外的な現象がいくつか許容されているが，当面の課題には直接関与しないので詳細は省く。同様に，古英詩のリズムも検討の対象外であるので，ここでは説明はしない。

(7) a. *w*ílna   brýtta   and *w*órulddugeða
    of valuable things distributor   and of worldly goods
    'a distributor of valuable things and of worldly goods'

    (*Genesis A* 1620)

  b. *f*ǽste mid *f*ólmum,   *f*ólcūð getḗag
    firmly with hands   famous drew
    'the famous man (...) firmly with his hands, drew'

    (*Exodus* 407)

c. *st*īð ond *st*ýlecg; *st*rénge getrūwode
strong and steel-edged strength trusted
'stout and steek-edged; (he) trusted in his strength'

(*Beowulf* 1533)

　注目に値するのは，強勢母音の前に子音がなく，頭韻の原則に従わない (8) のような例が数多く見られることである。仮に，このような例において，同一の強勢母音が規則的に繰り返し生じているのであれば，母音の頭韻の可能性が高くなる。しかし，ほとんどすべての例において，(8) のように母音の音価は異なっている。それゆえ，このように頻繁に生じる例を原則から逸脱したものとして除外すると，頭韻の原則そのものが不備となってしまう。そこで，これらの母音を発音する時に声門閉鎖音を用いて強調していたと仮定すると，声門閉鎖音の [ʔ] が強勢母音の前に生じ，頭韻を形成していたことになり，これらの例は頭韻の原則にかなったものとなる。このように，声門をいったん止めてから母音を発音する方法は hard attack と呼ばれ，古英語のみならず現代英語でも語を強調する場合に用いられることがある (Wells (2008: 367))。

(8) a. ū́p tō énglum, þǽr is se ǽlmihtiga Gód.
upwards to angels where is the almighty God
'towards angels, where the almighty God is.'

(*Christ and Satan* 287)

b. álder scéþðan, ac sēo écg geswā́c
life injure but the edge failed
'injure life, but the edge failed' (*Beowulf* 1524)

c. éadig ṓreta, éorlas trýmede,
blessed fighter warriors encouraged

'the blessed fighter, encouraged the warriors'

(*Andreas* 463)

まとめ

　喉頭にある声帯を閉じると，呼気の流れが止められ，声帯は振動できないことから，声そのものが出ない。この状態で形成される音のない音にあえて他の子音と同等の資格を与え，声門閉鎖音 [ʔ] という音価を認めると，さまざまな言語における発音の特徴や習慣が浮かび上がってくる。すなわち，日本語では日常茶飯事のように [ʔ] を語末で用いるが，英語の場合，[ə] の出現以降はこの習慣はなくなってしまった。もっとも，語を特に強調したい場合には，強勢母音の直前でいったん息を止める（すなわち，[ʔ] を用いる）ことがある。また，英語では語や形態素の末尾の閉鎖音を強める場合にも [ʔ] が用いられる。その他にも [ʔ] の用途は知られているが，いずれの場合も英語の [ʔ] には語の意味を区別する機能はない。

6　英語の等時性と発音の原則

はじめに

　英語の授業で different という語が教科書に出てきたと仮定しよう。この授業の担当教員なら，まずこの語を黒板に書いて音読し，生徒にも発音させた上で，この語の意味は「違った，異なる」であると説明するであろう。時間に余裕があれば，「違い，相違，差異」という名詞は difference,「違う，異なる」という動詞は differ であること，in- という接頭辞が付加された形容詞 indifferent は different の反対の意味とはかなり異なる「無関心な」という意味になる，などの説明も補足されるかもしれない。

これらの語はいずれも differ の第一音節の母音だけが強く発音されるが，この語に無強勢の接頭辞や接尾辞が付加された場合，語全体をどのように発音すればよいのであろうか？これらの語が日本語になっていたら，「ディファレント」，「ディファレンス」，「ディファ」，「インディファレント」のように均等な長さで読めばよいが，英語として発音する場合，どのような原則があるのであろうか？この節では，英語の音声特徴を踏まえた上で，語・句・節・文を発音する場合の原則について考えてみたい。

英単語の発音の基本原則

英語の単語を音読する場合，強く発音される音節が一箇所であれば，長い語も短い語も，語全体がほぼ同じ長さとなるように発音することが大切である。たとえば，上にあげた differ, different, differently, indifferent の場合，音節の数は 2〜4 と異なるが，強勢（stress）はいずれも一箇所だけに置かれることから，語全体はほぼ同じ長さで発音される。

一方，indifferent の接頭辞 in- のように，強勢音節の前にくる無強勢音節は弱く短く発音されることから，語全体を発音するのにかかる時間はその音節の分だけ長くなるということはない。しかし，different と differently の接尾辞 -ent と -ly のように，強勢音節の後にくる無強勢音節はそれほど短く発音されることはなく，語全体を発音するのに必要な時間を他の音節と分け合うことになる。このような原則は等時性（isochronism）と呼ばれ，語のみならず句や節や文にも適用される。

日本語の「モーラ」

一方，日本語の場合は「モーラ」(mora)「拍」と呼ばれる単位が発話の長さを決定する。そのために，[o]「尾」，[e]「絵」，[ko]

「子」,[te]「手」のような短母音または子音＋短母音,および [teN]「点」のように,母音の後に生じる [n = N]「ん」はいずれも最小の長さ（＝1モーラ）から成る。一方,[ai]「愛」,[koi]「鯉」,[oN]「音」のように,（先行する子音の有無とは無関係に）短母音＋短母音,短母音＋[N] などは2モーラの長さがあるとみなされる。

[N] を含め,音節を均等な長さで発音することに慣れている日本人にとって,英語の等時性という現象は受け入れにくいが,英語らしい発音を習得するためには大切な原則である。

英語の句の音読の原則

話を英語に戻して,句を発音する場合の留意点について考えてみよう。たとえば,to go, in Tokyo, at my house, on the table, with your friends のような句の場合,前置詞,冠詞,人称代名詞は一般に強勢がなく,したがって強く長く発音されることはない。そのために,これらの句を発音する場合には,それぞれ go, Tokyo, house, table, friends を発音する場合と同じ長さになる。

ちなみに,歴史的に見ると,about, abroad, alike, away などの a- や today, tomorrow, tonight などの to- は,それぞれ古英語の on や tō にまでさかのぼれるが,いずれも強勢がないために弱化し,後続の強勢形と結合して1語となってしまっている。

節と文の音読の原則

等時性の原則は語や句だけではなく節や文にも当てはまる。たとえば,if it ráins, when I cáme, what you dó などの節では,強く発音される語や音節はそれぞれ一つしかないことから,節全体は rains, came, do を単独で発音した場合と同じ長さになる。

今度は（1）のような文を取り上げてみよう。(1a) の場合,この文は強勢語を三つ (cát, éats, físh) 含むことから,文全体はこれ

らの 3 語を発音した場合とほぼ同じ長さになる。なお，強勢語 cát の前にきている the は無強勢であるため，弱く短く発音されることから，この文全体を発音するのに要する長さは変わらない。一方，この文に助動詞 will が付け加わって (1b) のようになったとしよう。この will は無強勢であり，éat という強勢語の前に生じることから，弱く短く発音される。この文の強勢語の数は三つのまま変わらないことから，この文全体を発音するのにかかる時間は同じである。同様に，(1c) のように無強勢の be 動詞と接尾辞 -ing が付加されて音節数が増えたとしても，文全体の発音上の長さは (1a), (1b) の文と変わらない。

(1) a. The cát éats fish.
　　b. The cát will éat fish.
　　c. The cát will be éating fish.

強勢語の同定

　英語の語・句・節・文を発音する場合の原則が明らかになったことから，今度はどのような語が強く発音され，弱く短くなる語はどのようなものか確認しておきたい。一般的には，名詞・形容詞・本動詞は強く発音されるが，前置詞・接続詞・代名詞・助動詞・冠詞は弱くなる。ただし，副詞の場合，形容詞から派生した副詞は強く発音されるが，then, very, now, so などの語形変化をしない副詞は一般に弱く発音される。

　もっとも，一般に強く発音されない語であっても，その語が文中で最も伝えたい語である場合，その語には強勢が置かれ，音声上の長さを決定する単位となり，強く長く発音される。

　たとえば，A という人が Betty が上機嫌だったことが信じられなくて，She can't have been in a very good temper と言ったとしよ

う。Bという人がそれを聞いて，She was in a very good temper という文を用いて彼女は機嫌が良かったことを強調したい場合，一般に弱く発音される was は強くなる。(ちなみに，このような場合，日常会話では単に On the contrary (とんでもない)，あるいは was を強めて She wás ですませることが多いが，ここでは説明の都合で形式の整った英文を用いた。)

英単語の弱形

　重要な語は強く長めに発音されることから，聞き手はその語をはっきりと認識できる。しかし，無強勢の語は弱く短く発音されることから，本来の語形が崩れやすく，また，前後に位置する強勢語と結合することが多くなり，耳で聞いて認識するのが難しくなりがちである。したがって，等時性の原則を学ぶ場合には，本来の語形が崩れた弱形 (weak form) と呼ばれる形式も習得しなければ，英語の発音も聞き取りもなかなか上達しない。

　そこで，今度は英語の弱形を取り上げ，その特徴を明らかにしておきたい。英語には約 40 の機能語 (すなわち，代名詞・前置詞・接続詞・関係詞・助動詞など) がある。これらの語は一般に強勢が置かれないことから，母音は弱化して [ə] となることが多く，さらに，前後の子音も消失することがある。そのために，弱形にはいくつかの異形が生じる。

　ここで異形のすべてを紹介することはできないので，イギリスの標準的発音に基づいて弱形の特徴を紹介し，語形が大きく崩れる例を取り上げることにする。

　最初に，語頭音 [h-] と [w-] の脱落例を取り上げよう。[h-] または [w-] で始まる人称代名詞と助動詞の場合，強勢が置かれないと，これらの語の頭子音は (2) のように脱落する (ただし，was は [əz] とはならない)。なお，[h-] だけではなく後続の母音も共に

脱落する場合もここに含めることにする。注意を要するのは，h- や w- で始まる無強勢の he, her, has, have, we などは節や文の冒頭では弱化しないことである。弱形は一般に接語化（clipping）を起こし，前または後にくる強形と結合し，1語のように発音される。しかし，以下の例では，わかりにくくなるので，弱形と強形はすべて切り離して表記することにする。脱落はゼロ（ø）を用いて ＞ø と表記する。

(2) a. [h-] ＞ [ø]

he [hiː] ＞ [iː]: Did he come? [díd iː kʌ́m]
his [hɪz] ＞ [ɪz]: I know his office. [aɪ nóʊ ɪz ɔ́fɪs]
him [hɪm] ＞ [ɪm]: Tell him the truth. [tél ɪm ðə trúːθ]
her [hɚː] ＞ [ɚː]: I like her smile. [aɪ láɪk ɚː smáɪl]
has [hæz]

① ＞ [əz]（[s, z, ʃ, ʒ, tʃ, dʒ] の後で）:

The price has dropped. [ðə práɪs əz drɔ́pt]

② ＞ [s]（[p, t, k, f, θ] の後で）:

Smith has gone. [smíθ s gɔ́n]

③ ＞ [z]（その他の場合）:

She has been in London. [ʃiː z bɪn ɪn lʌ́ndən]

have [hæv]

① ＞ [v]（I, we, you, they の後で）:

I have got a car. [aɪ v gɔ́t ə káː]

② ＞ [əv]（その他の場合）:

He must have been rich. [hiː məst əv bɪn rítʃ]

had [hæd]

① ＞ [d]（I, he, she, we, you, they の後で）:

He had left early. [hiː d léft ɔ́ːlɪ]

②＞[əd]（その他の場合）:
　　　The festival had started. [ðə féstɪvəl əd stɑ́ːtɪd]
b. 　[w-]＞[ø]
　　will [wɪl]
　　①＞[l]（I, he, she, we, you, they の後）:
　　　He will soon come. [hiː l súːn kʌ́m]
　　②＞[l]（[l] 以外の子音の後）:
　　　The toy will be sold. [ðə tɔ́ɪ l bɪ sóuld]
　　③＞[əl]（母音と [l] の後）:
　　　The girl will win. [ðə gɔ́ːl əl wín]
　　would [wud]
　　①＞[d]（I, he, she, we, you, they の後）:
　　　I would be happy. [aɪ d bɪ hǽpɪ]
　　②＞[əd]（その他の場合）:
　　　Henry would be glad. [hénrɪ əd bɪ glǽd]

次に，語頭の母音 [ə] の脱落例を取り上げる．ちなみに，is や am などは，has, he, it などと同様，無強勢の弱形であっても，文や節の最初の位置で脱落は生じない．

(3)　[ə-]＞[ø-]
　　us [ʌs]＞[əs]
　　①＞[s]（let's の場合のみ）: let's go! [léts góu]
　　is [ɪz]
　　①＞[s]（[p, t, k, f, θ] の後）: That is fine. [ðæts fáɪn]
　　②＞[z]（母音の後と [z, ʒ, dʒ] 以外の有声子音の後）:
　　　She is pretty. [ʃiː z prítɪ]
　　am [æm]＞[əm]
　　①＞[m]（人称代名詞 I の後）: I am sleepy. [aɪ m slíːpɪ]

② > [m]（その他の場合）:
   Where am I to sit? [wéər əm aɪ tə sít]

ちなみに，否定語の not [nət] は後続の助動詞と接語化する場合にのみ，(4) のように語中の母音 [ə] が脱落する。

(4) [-ə-] > [ø]
   not [nət] > [nt]: aren't [ɑ́ːnt], couldn't [kʊ́dnt], mustn't [mʌ́snt] など。

等時性の問題点——アクセントと音価

上で述べたように，I've got a car, Where am I to sit?, May I help you? などの人称代名詞の I が相手に最も伝えたいことでなく，無強勢となっていても，文中での位置にかかわらず，弱化することなく，[aɪ] という完全音価を維持している。一方，He must be rich, Did he come?, Who is he? などの he は文頭や文末では完全音価 [hiː] を維持していて，それ以外の位置では語頭の [h] は脱落するが，母音の音量 [iː] は変わらない。今度は，aesthetic [iːsθétɪk], idea [aɪdíə], moreover [mɔːróʊvə], unhappy [ʌnhǽpɪ] などの語の場合，第一音節は無強勢であるが，母音は完全音価を維持している。すなわち，語中であれ文中であれ，無強勢母音はすべて [ə] に弱化するとは限らず，完全音価を維持する場合がある。したがって，O'Connor (1980: 98) の記述が正しいとすると，上であげたような主強勢母音に先行する無強勢母音は完全音価を保っているにもかかわらず，[ə] と同じように弱く短く発音されてしまうことになるが，これではいかにも不合理である。

実際，完全音価を持つ母音は，たとえ強勢がなくても，[ə] のように弱く短くならず，ある程度の時間をかけて発音されることが知られている (Cruttenden (2008: 265))。たとえば，(5) の例では，

2音節語の bétter は，3音節からなる cóuldn't have や chósen a という句よりも短くなる。一方，tíme for their はこれら三つの語句よりも長くなるが，これは their が無強勢であっても完全音価を含むためである。なお，(5) の ● は強勢音節，・ は無強勢音節，| は強勢グループの境界を表す。

(5)　They | couldn't have | chosen a | better | time for their | holiday.
　　　・|　●　・ ・　|　● ・ ・|　● ・|　●　・　・　|　●・・

それゆえ，従来の等時性の原則はより精緻なものにする必要があり，教育面で応用するためには原則をより簡素なものとする配慮も望まれる。Faber (1986) はこの修正案の代表例であるが，彼は完全音価を持つ母音を正しく発音することを強調している。

まとめ

たいていの英語学習者は母語の干渉から解放されて正しい発音を習得することを望んでいるが，すべての母音が完全音価を維持している日本語を母語とする者にとって，英語の母音の正確な発音の習得は容易ではない。この節がその一助になれば幸いである。

第2章

文字と表記の話

1 「ん」の出現

はじめに

「こんにちは」,「いい天気ですね」,「なんとなく」など,「ん」は私たちが日常用いる日本語の中に頻繁に登場する。ところが, この「ん」は他の 47 の仮名文字とは異なり, 単独で特定の意味を表すことはなく, また, 一つの音に対応するわけでもない。その一方で,「ん」は, 単一の母音や「子音＋母音」から成る音連続と同様, 英語の音節に相当する「モーラ」という独立した長さの単位を形成している。それゆえ, 俳句や和歌を作る時は,「古池や …」(ふ, る, い, け, や …) のように指折り数えて長さとリズムを調整できるのである。

近頃は若者を中心に「見れる」,「着れる」,「食べれる」のような「ら」抜き言葉が定着しつつあるが, 使用頻度の高い「ん」抜き言葉は考えられない。ところが, 日本語をさかのぼると, 奈良時代には「ん」は存在せず, 冒頭の「こんにちは」も「天気」も「なんとなく」も, 少なくともそのままの語形では存在しなかった。このように,「ん」は他の文字と比べてかなり特異な存在であるので, ここでは「ん」の成立と特徴に迫ってみたい。

「五十音図」と「いろは歌」の中の「ん」

日本語の仮名文字を 5 文字ずつ並べ, わかりやすく示した「五十音図」と呼ばれるものが古くから知られている。それを見ると,「ん」が含まれない図もある (『国語学大辞典』(428-432))。確かに,「五十音図」と言っても, 最初の「あ行」の「い, う, え」の 3 文字は「や行」と「わ行」で重複して用いられていることから, 実際には 47 文字しかない。一方,「ん」を含めている「五十音図」でも,「ん」は最後の「わ行」の次に位置し, 後に続く 4 字がない

不完全なもので,とても「行」とは呼べない。

「五十音図」に似た趣旨で作られた「いろは歌」も47文字から成る。この歌を4行に分け,字義どおりに漢字に置き換え,さらに濁点も加えて全文を示すと(1)のようになる。

(1) いろはにほへと　ちりぬるを　（色は匂えど　散りぬるを）
　　　わかよたれそ　つねならむ　（我が世誰ぞ　常ならむ）
　　　うゐのおくやま　けふこえて　（有為の奥山　今日越えて）
　　　あさきゆめみし　ゑひもせす　（浅き夢見じ　酔ひもせず）

この歌は,2行目の前半行は1文字少ないが,全体としては七五調のリズムが守られ,同じ仮名を一度も繰り返さず,内容のあるものに仕立てられている。それゆえ,「いろは歌」は「ことば遊び」のように思えるが,実際には10世紀末頃から近代に至るまで手習いの歌として用いられた仮名の一覧表である(『日本語学研究事典』(2007: 362-363))。注目すべきことは,この47文字の歌の中にも「ん」は含まれていないことである。すなわち,「いろは歌」は「ん」が10世紀末以前は少なくとも文字として存在していなかったことを裏付ける資料となっている。

一方,漢字が中国から伝えられると,日本語は漢字音を借りて表記されるようになる。このような漢字は「万葉仮名」と呼ばれるが,この「仮名」の中にも「ん」に対応するものはない(鶴(1977: 209-248))。その後,いわゆる「かな」(片仮名と平仮名)が発明されると,日本語は漢字と仮名を混ぜて表記されるようになった。「漢字仮名混じり文」の出現である。

文字は,漢字であれ仮名であれ,音を記すために考案されたものである。それゆえ,「五十音図」や「いろは歌」に「ん」が含まれていないということは,このような一覧表が作成された当時,「ん」はそもそも音として存在せず,したがって,表記する必要が

なかったことを裏付けるものである。もっとも，たとえ「ん」に対応する音があったとしても，その音が漢字の読みに含まれていたとしたら，仮名で表記する必要はなかったことになる。もう一つの可能性として，新たに生じた音を表記する方法の確立が遅れたことが考えられる。

「ん」の導入

そこで，時代を少しさかのぼって「ん」が出現するに至った経緯を記しておきたい。『時代別国語大辞典』（上代編）（1967）には8～9世紀の日本語が約8500語収録されているが，「ん」が含まれる語は見当たらない。実際，橋本（1966: 242）や大野（1977: 189）などの日本語学者は，奈良時代以前の日本語には「促音または撥音で終わる語は存在せず，音節は常に母音で終り，一つの子音で始まる」と述べている。

もっとも，中国から伝来した漢字には [m, n, ŋ] などの鼻子音で終わるものが多く，たとえば，橋本（1966: 182）は，奈良時代から室町時代の末までの音変化を論じた箇所で，[m] や [n] は漢字音としては珍しい音ではなかったと述べ，「三」を [sam]，「寒」を [kan] と表記している。

さらに，大野（1977: 189）も，奈良時代には輸入語である漢語には（促音または撥音で終わる語は）多数存在すると述べている。ちなみに，藤堂（1977: 93-157）は，中古（隋唐）時代以降の漢語の中には鼻子音 [m, n, ŋ] で終わる語がごく普通に認められると記している。さらに，大野（1977: 189）は，奈良時代に漢文を学習していた人々は漢字の正式な発音として促音や撥音を学習し，また使用したであろうと述べている。

それゆえ，日本語に促音や撥音が出現し，一般化するにつれ，これらの音を口に出して言う場合はともかく，具体的に書いて記

音便の出現とその表記

そこで，話題を音便に移したい。手元の国語辞典によると，「五十音図」は狭い意味では音便による音，濁音，および長音を含まない。しかし，濁音は既存の仮名に濁点という補助記号を付加すれば表せる。一方，音便の場合にも，「やはり → やっぱり」のような促音の「っ」は，仮名として確立している「つ」を小さくしたものを用い，「白き歯 → 白い歯」のような「い音便」や「買ひて → 買うて」のような「う音便」の場合にも，既存の文字で置き換えれば対応できる。

したがって，漢字の伝来からかなり後になって発明された平仮名と片仮名は，濁音や促音などの音便による新たな音が出現しても十分に対応できたものと推測される。しかし，撥音便によって生じた音は長い間，文字で表記されることはなかったようである。すなわち，「飛びて」，「嚙みて」，「なにの」などの語が撥音便を起こしても，口頭では「飛んで」，「嚙んで」，「なんの」などのように発音されたであろうが，表記上は何の変化も生じなかったと推測される（橋本 (1966: 181)，築島 (1981: 271-272)）。

「ん」の表記

そこで，今度は「ん」という文字の導入以降に話を進めよう。日本に限らず欧米でも，記載事項を点検する時には √ または ∨ のような記号を用いるが，片仮名の「ン」はこれに似た記号を変形して作られたらしい。それは，撥音便が「はねる」音であったことから，この文字に象徴的な意味も込めたのかも知れない。一方，平仮名の「ん」は「无」（「無」と同じ意味で，訓読みは「む」，音読みは「ブ」）の草書体から作られたようである（『大辞林』(2006:

2754))。一方、橋本 (1966: 181-182) によると、「ん」はもとは「毛」であり、「ン」は「レ」(片仮名の「ニ」) で代用したらしい。

それでは、「ん」の導入に伴って生じた日本語の表記について考えてみよう。最初に、「な行」の5文字は発音記号で表すと [na, ni, nu, ne, no] となるが、この [n] と「ん」で表される音を比べてみたい。手元の国語辞典では、見出し語になっている「ん」は12ある。このうち、数量を具体的に表さず曖昧にして「月々の支払いがん万円」などという場合と、口ごもりながら「ん」と返事する場合のみ単独で語頭に生じる。その他はすべて他の語に従属して生じ、語頭に現れることはない。このことからも現在の「ん」は二次的に生じた音であることがわかる。

「ん」の音価

最初に、語頭の「ん」はどのような音であるのか考えてみよう。まず、(2a) の感嘆詞の「ん」の場合 (「う〜ん」のほうが音声表記に近いと思われるが)、実際に発音して観察すると、音声上は [m, n, ŋ] のいずれの音も実現可能であり、しかも、音が変わっても意味が異なるということはない。次に、「ん万円」の場合、「ん」は後続の「万(まん)」の語頭音の [m] と同化して両唇音の [m] となるが、「ん十万円」の場合には「ん」は歯茎音の [n] となる。一方、(2b) の語頭以外の場合、「買わんよ」、「これから行くんだ」では「ん」は [n]、「食いしんぼ」と「にんまりとする」では [m] であるが、「泥んこ」や「こんがりと焼く」では「ん」は軟口蓋音の [ŋ] となる。

(2) a.　語頭の「ん」
　　　　ん (感嘆詞) ([m, n, ŋ])、ん万円 ([m])、ん十万円 ([n])
　　b.　語頭以外の場合
　　　　買わんよ、これから行くんだ ([n]); 食いしんぼ、にん

まりとする ([m]); 泥んこ, こんがりと焼く([ŋ])

要するに,「ん」は三つの子音 [m, n, ŋ] を表すが, いずれの音も生じる位置が予測でき, しかもそれぞれの音が語の意味を区別する役割を担っているわけではない。また, 感嘆詞や語の構成素となる場合を除けば,「ん」は語頭に生じることはなく, 母音の後だけに生じる。それゆえ,「ん」は, 語頭の母音の前だけに生じる「な行」と「ま行」の [m, n] とはまったく異なる分布を示すことがわかる。以上のことから, このような特徴を示す音を「な行」と「ま行」と切り離して別個の文字「ん」で表記したことは当を得ている。

「ん」の表記の問題点

現在の日本語の中から「ん」で終わる (すなわち, 末尾の子音が [n] と発音される) 漢字を拾ってみると,「あ行」だけでも (3) に示したように少なくとも 70 の意味の異なる漢字が使われていることがわかる。それゆえ,「あ行」から「わ行」までだとかなりの数の同音異義語が存在することになる。

(3) a. あん: 案, 安, 餡, 庵, 暗, 按, 闇, 杏, 行
b. いん: 印, 院, 韻, 員, 陰, 因, 殷, 淫, 飲, 引, 隠, 允, 咽, 姻, 胤, 蔭, 音, 寅
c. うん: 運, 雲, 云
d. えん: 縁, 演, 円, 園, 宴, 塩, 延, 艶, 炎, 燕, 焔, 袁, 苑, 遠, 援, 閻, 沿, 掩, 奄, 宛, 堰, 煙, 媛, 猿, 蘭, 鉛, 鴛, 俺, 垣, 鳶, 厭, 淵
e. おん: 音, 恩, 温, 怨, 遠, 御, 穏

現在の日本語における「ん」で終わる同音異義語の氾濫は, 中

国から伝来した当時は3種類の鼻子音 [m, n, ŋ] のいずれかで終わっていた語末の子音を [n] に統一して「ん」と表記した結果なのである。ちなみに, 当時の中国語では (3) のような漢字は語末の子音に関して [m, n, ŋ] の三つのグループに分かれ, さらに語全体は「四声(しせい, ししょう)」と呼ばれる4種類の高さアクセント (pitch) によって下位区分されたことから, 同音異義語は極力避けられたと思われる。それゆえ,「ん」という仮名が導入された時, これらの漢字の末尾の音をすべて「ん」で表した場合, 文字と音の対応に不都合が生じなかったのかという疑問が生じる。

そこで, 高名な中国語学者である某中国人に聞いてみた。その結果, 昔は確かに語末の鼻子音を区別して発音していたが, 元(げん)の時代以降は次第に区別されなくなり, 現在の北京語ではいずれも歯茎音の [n] で発音されるそうである。したがって, 日本で「ん」が導入された頃, 上記の「元」などの語を「げん」と発音したり, 表記したとしても, 不都合は生じなかったと推測できる。すなわち, (3) のような多くの同音異義語は, 日本語では (現在と同様にその当時も) 高低アクセントではなく脈絡によって区別されたと思われる。ちなみに, この中国語学者によると, 語末の母音が日本語で「えい」([ei]) と発音される「青, 泥, 経, 形, 生, 正, 清, 勢, 姓」のような漢字はかつては母音で終わっていたが, 現在では軟口蓋鼻子音の [ŋ] で終わるそうである。

「ん」の表記の由来

次の疑問は, 音声上異なる三つの子音 [m, n, ŋ] をなぜ一つの文字「ん」で表したのかということである。この疑問を解くために, まず日本語と英語を比較してみよう。たとえば, (4a) のような語の<u>ん</u>は (4b) の英語の <u>n</u> と同じ [n] を表す。一方, (4c) のような語の<u>ん</u>は (4d) の英語の <u>m</u> と同じように [m] と発音される。

さらに，(4e) のような語のんは (4f) の英語の n または ng によって表される [ŋ] に対応する。

(4) a. 飛んだ，ほんと！，へんな，かんど（感度），だんろ
    b. end, bench, ten, conflict, fence, dense, tent
    c. かんばん，しんぱい，ぐんま（群馬），ちんみ（珍味）
    d. empty, combat, impossible, comfortable, nymph（ニンフ［半神半人］）
    e. けんか，りんご，でんき，もんく（文句），おんがく
    f. finger, among, singer, pink, think, tank

このように，英語の鼻子音 [m, n, ŋ] には m, n, ng（または nk）という表記上の区別が対応しているが，日本語では3子音に対応するのは「ん」という一文字だけである。この理由としては，第一に，これら三つの音はいずれも呼気が鼻腔を通り抜ける時に共鳴し，似た音になることである。第二に，日本語も英語も，[ŋ] は [k, g] の前，[m] は [p, b, m] の前，[n] はそれ以外の子音の前というように，それぞれの鼻子音が生じる場所が明確に定まっているが，日本語ではこれらの音の違いが語の意味の違いに対応していないことから，発音する際にこれらの子音を意識的に区別する必要がないからである。第三に，仮に [m, n, ŋ] を取り違えて発音したとしても，(4) のような語が別の語と誤解される恐れはないからである。

まとめ

日本語の子音は必ず後続の母音と結合することから，仮名はこの原則に沿って作られた。それゆえ，子音の前と語末という日本語の子音の制約を逸脱した位置に生じることになった [m, n, ŋ] は，特別な文字で表す以外に方法はなかったと考えられる。

2 「かな」書きのすすめ

はじめに

　世の中はちょっとした漢字ブームである。検定試験で能力を認定してもらえるし，そのための問題集も出版されている。テレビ番組にも漢字の読み方をクイズ形式にしたものがしばしば登場する。漢字は数が多く，読み方もさまざまで，おまけに画数が多く，複雑なものが少なくない。それゆえ，漢字を覚えるのは容易ではないが，漢字の素養は常識や教養にも反映してくるし，老化防止にも効果がありそうである。漢字に対する世間の関心が高まる原因はこのあたりにありそうである。

　そのような折，ブームに水を差すようで恐縮であるが，少し時間を割いて，紙切れに漢字ではなく読み方を「かな」で書いてみることをお勧めしたい。その理由は，私たち日本人の遠い先祖が森羅万象をどのように捉えていたかを知るためには，漢字よりもその読みである「かな」のほうが適していると思われるからである。

漢字の読みと仮名の関係

　漢字は本来，中国語を表記するために漢民族の間で発明され，用いられてきた文字である。それゆえ，当然のことながら，漢字には漢民族の考え方や物の見方が強く反映されている。日本人はその漢字を借りて物や概念を表すようになった。そのために，漢字を眺めていても古代の日本人が事物をどのように認識していたのかわからない。

　漢字には「音読み」と「訓読み」という区別がある。前者は呉，唐，漢など，昔の中国で使われていた発音に近いものが日本に伝わり，用いられたものである。そのために，同じ漢字でも，日本

に伝わった時代によって,「成」は「せい」と「じょう」,「間」は「けん」と「かん」,「外」は「がい」と「げ」のように,音読みはそれぞれ異なる。

　一方,「かな」は,平仮名であれ片仮名であれ,私たちの先祖が漢字を崩したり一部を利用して独自に作り上げたものである。それゆえ,「かな」は音に対応しているだけなので,文脈が与えられないと特定の意味に対応させられない。たとえば,「こい」といわれても,「故意」,「恋」,「鯉」,「濃い」,「請い」,「来い」,「乞い」のいずれを指すのかわからない。同様に,「かみ」の場合も,「加味」,「紙」,「神」,「髪」,「上」,「守」などいろいろあり,どれか一つを特定することはできない。

漢字と国字

　そこで,この「かな」の特徴を活用して,太古の昔の日本人の発想に迫ってみたい。その前に,漢字はすべて中国人の作ったものではなく,日本人も「国字」または「倭字,和字(いずれも,わじ)」と呼ばれる字を作っているので,「漢字」と「国字」を区別しておく必要がある。「国字」は漢字の構成方法にならって日本で作られた文字で,和製漢字とも言うべきものである。鰯,俤,榊,鴫,躾,鱈,辻,峠,畑,麿などがそれにあたる。これらの国字の特徴は,「働」のような場合を除いて,訓読みに対応する音読みがないことである。それゆえ,これらの国字から日本人の発想がつかめそうであるが,残念ながら国字は数が少ないことから,分析して何らかの一般化を引き出すには不十分である。日本人の発想の原点に迫るために,この節では漢字や国字のような文字ではなく,「かな」を手がかりとした理由はここにある。

仮名から読み解けるもの

　最初に,「山」,「止む」,「病(やまい)」という3語を例にとってみよう。これらの語は,漢字で書くと互いに何の関係もないように見えるが,かな書きにして語源を調べてみると面白いことがわかる。「山(やま)」の語源の中で最も有力な説は「不動」という意味で,「山」は「やむ(止む)」が転じたものである。「病(やまい)」は「病むこと」,すなわち,体に悪いところがあると活動が停止することから,「やむ(止む)」に由来する(『日本語源大辞典』(2005: 1127))。

　このように,漢字では別語のように見えた3語は,かな書きにしてみると,語尾は異なるが,語根(root),すなわち語の中心部分は yam- を共有していることから,これらの語はまったく同じ発想のもとで作られたと推測できる。

　今度は,いずれも「かみ」と読める「上」,「神」,「髪」,「守」の場合はどうであろうか。「上」の意味の「かみ」は位置や地位などが高いことを表す。「神」の語源は諸説あるが,最も有力なのは「上(かみ)にあって尊ぶところ」の意味である。「髪(かみ)」は「頭に生える毛,髪の毛」という意味からも明らかなとおり,身体の上部にある毛,すなわち「上(かみ)の毛」から生じたものである。昔の中国人は「胸」や「腋(わき)」などに生えるものは「毛」と書き,頭に生えるのは「髪」と書いて区別した。一方,私たちの先祖はこれらを同じものと捉え,「上の毛」,「胸毛」,「腋毛」のように,毛が生える場所を修飾語として付加することによって区別しようとしたと思われる。

　ちなみに,「ひげ」は漢字で書くと,「髭(くちひげ)」,「鬚(あごひげ)」,「髯(ほおひげ)」のように,生える場所によって字が異なる。「ひげ」の「げ」は「け(毛)」であり,「ひ」は諸説があるものの,「頬(ほお),辺(へり),鰭(ひれ)」など,口のあたりの場所や形状を表す語に由来する。このことから,古代の日本人は口のあたりの毛を「ひげ」と呼び,さらに詳しく区別する場合には,「口」,「顎」,「頬」という語を添えて表したと考え

られる。

　一方,「守(かみ)」は,かつて中央や地方の長官を指したもので,「上に立つ者」ということから,「かみ」と呼ばれたのが始まりである。なお,「紙」は「かみ」と読むが,これは字を書くのに用いられた竹の札(ふだ)を意味する「かぬ(簡)」の音が変化したもので,「上」とは語源がまったく異なる。

　それでは,「書く」,「欠く」,「角」,「掻く」の場合はどうであろうか。いずれも「かく」と読まれるが,意味は異なる。しかし,「書く」は「掻く」と同義であり,紙が発明される以前は材質の硬い木・竹・石・金属などに引っ掻いたり刻んだことによる。固い物であっても,掻くと欠け,欠けたところは角張(かどば)ることから,これら四つの語は「掻く」に由来すると考えられる。

　次に,「膨(ふく)れる」,「脹(ふく)れる」,「吹く」,「含む」,「袋」,「河豚(ふぐ)」は,いずれも口をすぼめて息を出す動作が基本となって派生した語である。なお,「河豚」は「ふく」と呼ばれる地域があることからも,語源は「ふくれる」であることがわかる。ちなみに,七福神のえびす様のようなふっくらとした顔を「福々しい」と形容して,「福」の字をあてがうが,この漢字そのものには「ふくれる」に関連した意味はない。そもそも,「福」の「ふく」は日本古来の語ではない。なぜなら,「ふく」は音読みであり,訓読みは存在しないからである。いつ頃のどのような音かはわからないが,漢字の「福」が借用され,結果的に日本語で「ふく」と発音するようになったのであろう。意味の上でも「福」は「ふくれる」とは無縁である。中国語の「福」は祭りに参加した者がもらう「お神酒(みき)」が原義であり,この意味が転じて「神が与える幸い」の意味を表すようになったのであろう(『新漢和辞典』(1976: 605))。

　もう一つ取り上げたいのは「うむ」である。「うむ」を漢字で書くと,「生む」,「産む」,「膿む」,「倦む」,「熟む」など,意味の異

なるいくつかの動詞に対応することがわかる。「うむ」の名詞は「うみ」であるから,「うみ」を漢字で表記すると,「生み」,「産み」,「膿」,「倦み」,「海」となる。このうち,「生み」,「産み」,「倦み」の3語は動詞に対応していることから,派生関係にあることは明らかである。

　しかし,上記の3つの動詞はともかく,「膿」と「海」の2語は相互に関係がありそうに見えない。そこで,これらの動詞と名詞を語源の観点から調べてみよう。まず,「生む」と「産む」は意味上の区別がないことから,古代の日本語では1語であったとみなしておく。「膿」は「熟む」の名詞形であることから,派生関係にあり,「倦む」は「熟んだ」状態を「飽きた」状態の意味に転用したとする説を採ると,両者はつながりがあることになる(『日本語源大辞典』(2005: 192))。さらに,「熟む」は「海」から出たとみなす最も有力な説に従うと,両者の関係は密接になってくる。一方,「海」は「産み」の意味であり,イザナギとイザナミの二神が初めて産み出したことに由来する説がある。

　このように見てくると,上記のすべての動詞と名詞は「うむ」と「うみ」に収束してしまい,さらに,これらの2語も最終的にはどちらかに帰することになる。さらに興味深いことに,「うまい」(「旨い,美味い,甘い」) は,熟した果実の味が「うむ」ことに由来し,「あまい」と同じ語源らしい。

　例をあげるときりがないので,もう一つで終わりとしよう。「あと」を漢字で表すと,少なくとも「後」,「跡」,「痕」,「址」の4字が該当する。「後」は「午後」,「戦後」,「術後」のような時間上の意味と,「人後」,「背後」,「銃後」のような場所の意味があるが,他の三つは場所だけに関与している。このことだけでも,古代の日本人が時間と場所の前後関係を厳密に区別していなかった可能性が浮かび上がってくる。

まとめ

このように,漢字を訓読みにすると同じ語になってしまう例を集め,語源を調べてみる。すると,漢字ではまったく異なっている場合でも,かつての日本語では同じであるとみなされていた可能性が出てくる。古代の日本人は中国人から漢字を借りて表記するようになったが,彼らの物事の捉え方と読みは変わらずに残されたことになる。もっとも,語源にはさまざまな説があり,当てにならないものもあることから,語源を調べる時にはなるべく有力なものを選ぶことが大切である。

訓読みで同音となる語がすべて同義の語にさかのぼれるわけではなく,「高さアクセント」(pitch)で区別されていた可能性もある。この節で強調したかったのは,漢字で表記され,認識される事物と,仮名で表記した時に浮かび上がってくる事物との間にはかなり大きな相違があるということである。そして,このように視点を変えることによって,これまで予想しなかったことが見えてくるのであれば,それはそれで意義深いことであろう。

3 綴り字と音の対応

はじめに

一昔以上も前のことになるが,英語の授業中,学生が「てうせんうぐいす」と訳したので,「てうせん」とは何のことかと質問したところ,「注にそう書いてありました」という答えが返ってきた。この英語の教科書は,戦後間もない頃に注釈をつけて出版されて以来,増刷を重ねていたことから,古い仮名遣いのまま発音すると何のことかわからないものもあった。学生は注の仮名遣いどおりに発音したことから「てうせん」となってしまった。

私の常識からすると,「てふてふ」と書いてあれば「ちょうちょ

う」と読むべきであり，同様に，「てうせん」は「朝鮮」でなければならない。旧仮名遣いは今ではほとんどみかけなくなり，このような問題はあまり生じなくなった。そこで，この節では英語に目を転じて，音と表記の対応がどのような状況にあるかを探ってみたい。

英語の音と綴り字の対応

現代英語の綴り字と発音の対応がうまくいっていないことを皮肉って，「ghoti は英語では fish と同様，[fɪʃ] と発音される」といった人がいる。その人の言い分によると，英語の場合，gh は laugh [lɑːf] では [f]，o は women [wímɪn]（< woman）では [ɪ]，ti は nation [néɪʃ(ə)n] では [ʃ] と発音されることから，ghoti は [fɪʃ] という発音になる。

確かに，英語の発音と綴り字はうまく対応しない場合が多いが，これには相応の背景がある。イギリスの印刷工で翻訳家のカクストン（William Caxton, 1422頃-91）が 1476 年にヨーロッパから印刷機を持ち帰り，ロンドンで翻訳書などの出版を始めたことから，当時のロンドンの綴り字がまたたく間にイギリス中に普及し，固定するようになった。

一方，15 世紀以降，英語の母音の発音は大きく変化し始めたことから，固定しつつあった綴り字との対応が崩れてきた。このような母音の大変革は 3 世紀ほど続いたにもかかわらず，綴り字の改良があまり進まなかったことから，現在では母音の綴り字と発音の不一致が目立つ結果となった。たとえば，「本」の発音は [bʊk] であるのに，book と書かれているのは，[boːk] と発音されていた 15 世紀以前の綴り字のままだからである。同じように，week [wiːk]，dust [dʌst]，English [íŋglɪʃ] の綴り字も，それぞれ [weːk]，[dʊst]，[éŋglɪʃ] と発音されていた頃の名残である。

英語の母音変化と綴り字の対応

英語の母音は他の言語に類を見ないほど大規模な変化を受けたが、この変化はかなり規則的であったことから、母音の発音と綴り字の間には対応が認められる。たとえば、u は [p, b, w, f] の後位置に生じる push [pʊʃ], bull [bʊl], wool [wʊl], full [fʊl] のような [ʊ] を除いて、cut [kʌt], duck [dʌk], tusk [tʌsk]（牙）の u のように、規則的に [ʌ] と発音される。

ちなみに、この [ʌ] という母音は 15 世紀初頭から始まり 17 世紀中頃に確立した [ʊ] > [o] > [ʌ] という母音変化の結果生じたものであるが (中尾 (1985: 299-302))、綴り字は u のまま変化しなかったことから、発音と対応しなくなってしまった。

一方、bit [bɪt], cut [kʌt], dot [dɔt], mat [mæt], pet [pet] のように、子音で終わる 1 音節語の母音は短く発音される。ところが、この種の語に e が付加されて bite, cute, dote, mate, Pete となると、語幹の母音は規則的に長母音か二重母音となり、それぞれ [baɪt], [kjuːt], [dəʊt], [meɪt], [piːt] と発音される。言い換えると、1 音節語の語幹の母音字 a, i, u, e, o は、それぞれ英語のアルファベットの読み方の音、すなわち [eɪ], [aɪ], [juː], [iː], [əʊ] に変わる。

このような現象は日本の高校生以上の英語学習者なら理解していると思われる。この現象も規則的な歴史的変化の結果として説明できる。すなわち、ヨーロッパの大半の言語では、日本語の「あ、い、う、え、お」またはこれらに近い母音が用いられていて、ローマ字の a, i, u, e, o で表記されている。英語もかつては同じように母音字と母音の対応が見られた。しかし、15 世紀以降、300 年ほどかかって [aː] > [eɪ], [iː] > [aɪ], [uː] > [aʊ], [eː] > [iː], [oː] > [oʊ]（> [əʊ]）という長母音の大変化が起こり、母音の音価は一変してしまう。そのために、a, i, e, o はそれぞれ [eɪ], [aɪ], [iː], [oʊ]（> [əʊ]）という発音となり、a, i, e, o の文字の呼び名も「エ

イ,アイ,イー,アウ」となった。一方,現在の u [juː] は,Luick (1921, 1914-40: 490, および注4) によると,中英語の [yː] が [íy] > [íʊ] を経て,18 世紀に [juː] となったことによる。

英語の子音変化と綴り字の対応

そもそも,文字は音を記録するために発明された。それゆえ,人間が文字を考え出した頃は,音と文字は完全ではないにせよ,一対一に対応していたに違いない。たとえば,北ヨーロッパで用いられていたルーン文字 (runes) は古英語でも引き続き用いられたが,この文字は 2〜3 の例を除いて表音的であった。

その後,当時の英語はアイルランドからやってきたキリスト教の修道士たちによってラテン文字で表記されるようになった。たとえば,æppel 'apple' は [ǽppel], budda 'bud' (こがねむし) は [búddɑ], firen (罪) は [firen], sunu 'son' は [súnʊ] のように,母音と子音は文字とほぼ一対一に対応していた。

それゆえ,æppel の -pp- のような同一子音の重複は,日本語の撥音便と同じように,単一子音の倍の長さで発音された。もっとも,母音は ful [fʊl] (コップ) 〜 fūl [fuːl] 'foul' (汚い), cop [kop] (頂上) 〜 cōp [koːp] (長いマント) のように,短母音と長母音という音量の区別があったが,表記上は同一であった。ちなみに,現代の活字本では,長母音は ē, ī, ū などのように母音字の上に棒線を付けて短母音と区別されている。

子音の場合,x は 1 文字で [ks] という 2 音を表したが,その他は原則として 1 文字は 1 音を表した。もっとも,音変化は古英語期においても進行していたことから,すべての単一の文字が特定の音だけを表すという状況ではなかった。

たとえば,c は cuman [kúmɑn] 'to come' のような [k], または cild [tʃild] 'child' のような [tʃ] のいずれかを表し,f, s, þ (または ð)

は，有声音に挟まれる場合，それぞれ有声音の [v, z, ð] を表し（たとえば，ofer [óver] 'over', cūse [kúːze] 'chaste', swīþe [swíːðe] 'very'），その他の場合はそれぞれ無声音の [f, s, θ] を表した（たとえば，līf [liːf] 'life', sēon [séːon] 'to see', þonne [θónne] 'then'）。

一方，g と h はいずれも三つの異なる音を表した。すなわち，g は [g, j, ɣ] (gōs [goːs] 'goose', weg [wej] 'way', lagu [láɣʊ] 'law') を，そして h は [h, ç, x] ([hūs [huːs] 'house', niht [nıçt] 'night', þōht [θɔːxt] 'thought') を表した。ちなみに，日本語の「は行」の子音の場合も，「は，へ，ほ」では [h-]，「ひ」では [ç-]，「ふ」では [ɸ-] という異なる音が生じる。

フランス語の綴り方の影響

英語の歴史において音の綴り方が大きく変化したのは 1066 年のノルマン征服以降である。すなわち，ノルマンディー公ウィリアムがイギリスの王位継承にからむ争いに勝利し，英国王となってから，イギリスは英語を話さない王侯貴族に支配されることとなった。以来，支配階級はフランス語を話し，一般庶民は英語を話すという状態が続くことになる。もっとも，栄達を望む者や貴族に仕える者はフランス語を学んだ。

こういう状況が続いた結果，フランス語は次第に英語に取り入れられていくことになる。一方，フランス語を話す王侯貴族たちも日常耳にする英語を書き記す必要性に迫られることもあった。このような場合，当時の英語は当然フランス語の綴り方に従うことになる。そして，徐々にフランス式に表記された英語の綴りが広まっていく。

古英語では長母音も短母音も表記上は区別されなかったが，中英語になると，長母音はフランス式に同一母音を重ねて表記されるようになった (cytee 'city', see 'sea', wee 'we'; coorn 'corn', hoost 'host', rood 'rode < ride'; lyyn 'to lie')。一方，[uː] は clowde 'cloud', mount 'mount', now 'now', oure 'our', withouten 'without' のように，uu ではなく ou または ow と表記された。また，短母音の [ʊ] は but 'but', fulle 'full', contre 'country', som 'some', vnto 'unto', vs 'us' のように，u, o, v のいずれかで綴られた。それゆえ，長母音と短母音の区別は明瞭になったが，[o] の表記は o のままであったことから，短母音の [ʊ] と [o] は表記上区別しにくくなった。ちなみに，theise 'these' などの ei という表記は広めの [ɛː] ではなく，狭めの [eː] を表すための工夫であろう。

フランス式の表記法は子音にも大きな影響を及ぼした。とりわけ大きかったのは，古英語期からの 1 音 1 文字の原則が崩れたことである。すなわち，[tʃ] は古英語では cirice [tʃiritʃe] 'church' のように c で表されたが，この c は ch に置き換えられた。

一方，[θ, ð] は古英語では baþ [baθ] 'bath' 〜 baðian [báðiɑn] 'bathe' のように þ（または ð）で表されたが，th へと替えられた。もっとも，th を用いても，無声の [θ] と有声の [ð] の区別はできなかった。

fisc [fiʃ] などの [ʃ] は sh で記され，āscian [áːskiɑn] 'to ask' などの [sk] は sk で表記されたことにより，[sk] と [ʃ] へと分化した古英語の sc は綴り字で区別できるようになった。

最悪の結果は wh- であろう。すなわち，古英語の hwā [hwɑː] 'who', hwǣr [hwæːr] 'where', hwilc [hwiltʃ] 'which' などの hw- は，文字どおり [hw-] を表したが，フランス式の綴り方の wh- は音声的にはまったく逆になってしまったからである。

もう一つ，gh にも触れておこう。現代英語には，brought（< bring), light, night, through など，語中・語末に gh を含む語はかなりある。これらの語の gh は古英語では h で表されていたが，中英語期にフランス式に gh と書き換えられた。その後，gh に対応

していた音 [x, ç] は消失した。しかし, gh という綴り字は引き続き用いられたことから, これらの子音は現在では enough, laugh, tough などのごく少数の語に [f] として残る以外は発音されない。

まとめ

英語の発音と表記の不一致には長い間に生じたさまざまな要因が関係している。とりわけ, 大母音推移に代表されるようなさまざまな音変化, および, キリスト教の伝来に伴うラテン文字による表記, ノルマン征服によるフランス式の綴り方, カクストンによる印刷本の普及, ルネッサンスに伴うギリシア語とラテン語からの借用語の増加などがあげられる。

それゆえ, 発音と表記の対応関係に興味や疑問を抱いたとしても, 一人で納得のいく結論を得るのは容易ではない。この節がその一助になれば幸いである。

4　発音と表記の問題

はじめに

日本語の単語の意味がわからなくても, 国語辞典があれば簡単に調べられる。しかし, これは単語の読み方がわかっている場合であり, 読み方が不明である時は漢和辞典に頼ることになる。もっとも, 漢和辞典で調べたい語を見つけるのはそれほど簡単ではない。偏または旁から調べるにせよ, 総画数に頼るにせよ, 画数が正確でないと, 目指す語を探し出すのは容易ではない。

それゆえ, 日本語の学習には少なくとも国語辞典と漢和辞典の二冊は欠かせない。一方, 英語を読む時には英和辞典が一冊あれば単語の発音も意味も簡単に調べられる。どんなにむずかしい単語でも, 字数の多少にかかわらず, アルファベット順に探すと容

易に見つけられる。そして，綴り字では判断できない単語の読みも発音表記を見ればわかる。

このように，単語の意味と発音の検索に関する限り，英和辞典は国語辞典よりかなり簡便である。しかし，発音記号を用いた英語の音声表記は，記号の特徴や表記の原則に対する理解が十分でないと，間違いや誤解が生じやすい。もっとも，音声表記が正しく理解できていると，英語の学習効率は格段に上がることから，この節では，英語の母音と子音の発音と表記の原則について詳しく説明したい。

英語の発音表記

英語の本格的な発音辞典はかなり以前から出版され，現在では数種類の辞典が利用でき，英語と米語の発音の違いもわかりやすく表記されている。固有名詞に限定した大部な発音辞典も版を重ねている。このように，英語は，漢字と仮名が混じった日本語とは異なり，ラテン文字だけで表記されていることから，辞典による語の検索，とりわけ発音を調べる場合にはとても便利である。

とはいえ，辞典の音声表記は実際の発音をそのまま記号に置き換えたものとは限らないことから，使用する場合には注意が必要である。たとえば，boy [bɔɪ] ～ boycott [bɔ́ɪkət] と toy [tɔɪ] ～ toilet [tɔ́ɪlət] の場合，第一音節の母音はいずれも [ɔɪ] であるが，実際に発音してみると，boy と toy の [ɔɪ] は「オーイ」のように長くなるが，boycott と toilet の [ɔɪ] はいずれも「オイ」のように短い。どの辞典でも同じように表記されていることから，表記の間違いではなさそうである。

次に，little [lɪtl] の場合，[l] は二か所に生じるが，最初の [l] と二番目の [l] では音の質がかなり異なる。次に，tent [tent] の場合，最初の [t] はかなり強く発音されるが，二番目の [t] はかなり弱く

英語の発音表記の問題点

　発音記号を用いた音声の表記は，実際に発せられる音に忠実に対応しているとは限らない。この事実を念頭におくことが最も大切である。すなわち，語中で生じる位置から当然予測できるような音声特徴は表記されないことが多い。たとえば，上記の little に生じる2種類の [l] が一般に記号で区別されないのは，英語の [l] の規則的な現象として，母音と [j] の前では明瞭な音になるが，それ以外の位置では不明瞭な音になるからである。同様に，tent の [t] のように，強勢音節の直前ではかなり強い呼気を伴って発音され，音節の末尾では弱くなるが，このことは規則的な現象として予測できるからである。

　一方，上記の boy [bɔɪ] と [tɔɪ] は [bɔːɪ], [tɔːɪ] のように長音符が付けられていないが，これは英語の二重母音が語末で規則的に長くなるためである。困ったことに，この種の規則性は多くの言語に共通したものではなく，英語特有のものも多く，英語を母語とする人々には受け入れられているが，他の人々には通用しないことがある。

実際の発音に近い音声表記

　それでは，英語を母語としない日本人にも利用しやすい発音表記はないのであろうか。比較的容易なものとしては，表記を具体的な発音に近づける方法がある。たとえば，tent のような場合には，[tʰent] のように，強い呼気を伴う音の右肩に補助記号 ʰ をつけ，little のような「明るい 'l' ('clear *l*')」と「暗い 'l' ('dark *l*')」と呼ばれている音を区別するために，[lɪtɫ] のように後者には ɫ を

用いる。さらに，boy や toy のように語末で母音が長くなる場合には，[bɔːɪ], [tɔːɪ] というように，音量の長さを記号で示すという工夫をすれば，表記は若干複雑にはなるが，わかりやすくはなる。

　事実，比較的新しい大型の英和辞典では，このような多少精密な表記を採り入れているものがある。とはいえ，従来の発音記号と表記上の原則が理解できれば，辞典の音声表記はとても便利なものである。そこで，発音記号とその使い方を以下で説明したい。

発音記号の使い方

　一般に発音記号（または音声記号）と呼ばれているものは，国際音声学協会 (International Phonetic Association, 略称 IPA) によって制定された国際音声記号 (International Phonetic Alphabet, 略称は同じく IPA) のことである。IPA は一音一記号を大まかな原則として，(1) のような基準に従って作成されている（島岡．他 (1999: 49-50)）。なお，IPA は時おり改定され，記号が変わることがあるので，古い表記に慣れている人は注意が必要となる。

(1) a.　ラテン文字と音が一対一に対応する場合はそのままラテン文字を活用する。
　　b.　一文字が二音以上に対応する場合は新しい記号を作成する。
　　c.　ギリシア語の斜体字は立体にして用いる。
　　d.　本来の音が変化していると思われる場合は補助記号によって表す。
　　e.　二音が連結して一音となっている場合は二つの記号を連ねる。

母音の発音と表記

そこで，主な記号と発音の仕方，留意事項などを説明したい。最初に母音を取り上げよう。母音の共通点は，1）すべて有声音であること，すなわち，肺から気管を通って出てきた呼気 (breath) が声門にある声帯が振動することによって，いわゆる「声 (voice)」が出て，そして，2）この有声の呼気が声門から口の外に出てしまう前に，どこかで止められたり，狭いところを通過することがないことである。

[æ]（呼び名は ash [æʃ]「アッシュ」）は，口の開きを「あ」と「え」の間くらいにして，口元を横に引き，やや長めに発音することが大切である。実際，この母音は短母音と長母音の中間の長さを持っている (Cruttenden (2008: 96))。æ は a と e の「連字」(ligature [lígətʃə]) であり，古英語ではアルファベットの一つであったが，発音記号として転用された。ちなみに，アイスランド語では今でも文字として用いられている。

[ə] (schwa [ʃwɑː]「シュワー」) は，e を 180 度回転させて作られた。口をわずかに開けて，唇と舌に力をいれず，弱く息を出す。この音はギリシア人もローマ人も，そしてわれわれ日本人も，まったく知らなかったものである。ところが，イギリス人は古英語の終わり頃になってこの音を初めて使うようになった。そして，現在では母音の中で最も多く用いられるが，発音しなくてもすむ場合が最も多い音でもある (Cruttenden (2008: 156))。単独の母音としては強勢が置かれないことが最大の特徴である。もっとも，イギリス英語の二重母音 [oʊ] が変化した [əʊ] の [ə] には強勢がある。なお，この [ə] を表す文字そのものは今日まで発明されていない。

[ʌ] (turned v (逆の v)) は，その名のとおり，v の上下を逆にして作られたもので，[ə] に対応する強勢母音である。日本語の「あ」より少し口の開きを狭くして発音するとこの音になる。

[ɑ] (script a (筆記体の a)) は，口を大きく縦に開け，唇を丸めずに発音する。唇を丸めてこの [ɑ] を発音すると [ɒ] (turned script a (筆記体の a の逆)) になる。

[ɔ] は open o (開いた o) と呼ばれるが，記号としては c を 180 度回転させたものである。口を大きく縦に開け，唇をやや丸めて発音する。

[a] (lower-case a (小文字の a)) は，日本語の「あ」とほぼ同じ音である。なお，lower-case というのは，印刷工が大文字の A などの活字が入った箱を上段に，小文字の a などの箱は下段に置いたことに由来する。

[i] (lower-case i (小文字の i)) は，日本語の「い」に近い音である。一方，[ɪ] (small capital i (小文字と同じ大きさの i の大文字)) の場合，[i] より口をやや大きめに開け，舌の位置を下げ，「い」と「え」の中間の音にする。

[ɛ] (epsilon (イプシロン)) は [e] よりも少し大きめに口を開いて発音する。

[ʊ] (upsilon (ユプシロン)) の場合，唇をすぼめて「う」と言うとこの音になる。日本語の「う」は唇をすぼめない音であり，アルファベットの m をひっくり返した [ɯ] で表される。

長母音と二重母音の発音

長母音と二重母音を発音する場合の注意点を取り上げよう。日本語で「アート，イーメール，エース」と言ったときの長母音の「アー」，「イー」，「エー」，および「愛(あい)」，「甥(おい)」，「家(いえ)」などの母音連続は，ほぼ均等な強さで発音され，単一母音の場合のほぼ 2 倍となる。それで，たとえば「良(い)い」と「胃(い)」を指折り数えると，長母音は短母音の倍の長さがあることがわかる。しかし，英語の長母音 ([iː], [ɑː], [əː], [ɔː], [uː]) は，最初の部分は強くて長いが，後半は

かなり弱く短くなる。二重母音 ([eɪ], [aɪ], [ɔɪ], [əʊ], [aʊ], [ɪə], [eə], [ʊə]) の場合も，最初の母音は強く発音されるが，二番目の母音は弱く短くなる。

現在の英語の母音には絶対的な長さはなく，母音が生じる場所によって長くなったり短くなったりする。たとえば，bid [bɪd], beat [biːt], bead [biːd] の発音記号を見ると，bid の母音は短く，beat と bead の母音は長くなっている。しかし，無声子音の [p, t, k, f, s, θ] で終わる語の場合，これらの子音は前にある母音を短くする働きがある。これとは反対に，有声子音の [b, d, g, v, z, ð] で終わる語の場合，これらの子音は前にある母音を長くする働きがある。そのために，発音記号を用いた表記とは裏腹に，bid の短母音は実際には beat の長母音より長く発音される。このような事実は一般に表記されないので特に注意せねばならない。

すでに指摘したとおり，boy [bɔɪ] や toy [tɔɪ] のような二重母音で終わる語の場合も母音が長くなる。そのために，boy と toy は [bɔːɪ], [tɔːɪ] のように長く発音されるが，boycott [bɔ́ɪkət] と toilet [tɔ́ɪlət] の場合，二重母音 [ɔɪ] は語末に生じていないことから，記号どおり短く発音される。

子音の発音と表記

今度は子音を取り上げる。[p, t, k, b, d, g] のように，肺から出てくる息（以下，呼気と呼ぶ）をいったん止めて圧縮し，一気に吐き出す音は閉鎖音（stop [stɒp]）または破裂音（plosive [plə́ʊsɪv]）と呼ばれる。日本語と英語の閉鎖音の違いは，「パ行」(pa, pi, pu, pe, po) と「バ行」(ba, bi, bu, be, bo) を例にとると，日本語ではいずれの行の音も同じ強さで発音されるが，英語の場合，無声音の [p] は強くなる（とりわけ，強勢のある母音に先行する場合には前述の気息音 ʰ が伴う）が，有声音の [b] は弱くなるのが大きな違いである。

[t, k] と [d, g] の場合にも同様の現象が生じる。

なお，発音器官の一番奥にある声門を閉鎖して呼気を遮断する時の音は声門閉鎖音 (glottal stop) と呼ばれ，[ʔ] で表される。実際には音としては生じないこの音は，日本語では「ん」で終わらない語・句・節・文の末尾にごく普通に生じる。一方，現代英語では，この音は empty [ʔémptɪ] のように，語頭の母音を強めたり，reaction [riʔǽkʃən] や day after day [déɪ ʔɑːftə déɪ] のように，音節または語の間で生じる母音接続を回避する場合などに生じる (Cruttenden (2008: 178–181))。

一方，呼気の通路が声門から両唇の間で狭められ，そこを通り抜ける時に呼気が擦れるようにして出てくる音は摩擦音 (fricative [fríkətɪv]) と呼ばれる。摩擦音は言語によって用いられる種類が異なる場合が最も多い子音であり，たとえば現在の英語の 9 つの摩擦音 [θ, ð, f, v, s, z, ʃ, ʒ, h] のうち，6 つ ([θ, ð, f, v, ʃ, ʒ]) は日本語では用いられていない。

最初に，[θ] (<u>th</u>ink, pi<u>th</u>y「簡潔な」, too<u>th</u>) と [ð] (<u>th</u>ere, sou<u>th</u>ern, wi<u>th</u>) の場合，舌先が上の歯の裏側に近づき，その狭い隙間で摩擦音が形成されるが，手鏡で自分の口元を見ながら実際に発音してみると，舌先が歯よりも少し前に出ている。

次に，[f] (<u>f</u>oot, so<u>f</u>t, sa<u>f</u>e), [v] (<u>v</u>oice, ri<u>v</u>er, lo<u>v</u>e) の場合，下唇と上歯の狭い隙間で生じる摩擦が音源となる。

[s] (<u>s</u>ee, le<u>ss</u>on, ma<u>ss</u>) と [z] (<u>z</u>oo, do<u>z</u>en, wa<u>s</u>) の場合，口を少し横に広げ，舌の前の部分を上の歯茎にかなり接近させて息を出すと，両者の間でかなり強い摩擦音が生じる。

これに対して，[ʃ] (<u>sh</u>oes, <u>s</u>ocial, fi<u>sh</u>) と [ʒ] (mea<u>s</u>ure, rou<u>g</u>e [ruːʒ] (口紅)) の場合，唇を少し丸め，舌の先を歯茎の後ろに近づけて狭い隙間を形成して発音する。なお，英語の場合，[ʒ] は語頭には生じない。

破察音 (affricate [ǽfrəkət]) と呼ばれる [tʃ] (cheese, kitchen, switch) と [dʒ] (jungle, major, bridge) の場合，最初の [t, d] の段階で呼気を止めて圧縮し，その呼気を一気に出すのではなく，[ʃ, ʒ] の場合と同様に狭い隙間から少しずつ出す。破擦音は二つの発音記号から成るが，あくまでも一つの子音として発音される単子音である。

一方，呼気が鼻腔を通過する時に鼻子音 (nasal [néɪzəl]) と呼ばれる3子音 [m] (moon, smooth, some), [n] (no, send, ten), [ŋ] (sing, think, finger) が作られる。いずれも有声音であり，日本語でも同じ三つの鼻子音が用いられている。なお，英語には ŋ で始まる語は存在しない。

その他の音としては，[l, r] と [j, w] がある。[l] (long, always, tale) の場合，舌の先と前の部分を上の歯茎に強く押し付け，口を横に広げ，呼気を舌の両側から出す時に生じる。

これに対して，[r] (rain, world, clear) の場合，舌の前部が後方に反り返り，上の歯茎とその後ろにある硬口蓋 (hard palate [hɑːd pǽlət]) の近くまで接近する。呼気は舌の上部を通り抜けて口外に出る。なお，母音の後の r が発音されるのは主に米語の場合である。

[j, w] は半母音 (semi-vowel) または半子音 (semi-consonant) と呼ばれ，いずれも弱くて短く，後続の母音に移行することから，渡り音 (glide [gláɪd], gliding sounds) とも呼ばれる。

むずかしい子音の発音方法

日本人は year [jɪə], yeast [jiːst], yield [jiːld], woo [wuː] (求婚する), wood [wʊd] のような半母音で始まる語を発音するのは苦手である。このような渡り音の場合，それぞれ母音の前に弱くて短い [ɪ] または [ʊ] が添えられると考えて発音すれば，year ~ ear, yeast ~ east, woos (woo の 3 人称・現在形) ~ ooze [u:z] (にじみ出る) などの発音上の区別もできる。

次に，多くの学生や教員がむずかしいと感じる measure [méʒɚ] ~ major [méɪdʒɚ] の語中の子音 [ʒ] と [dʒ] と cards [kɑ:dz] ~ cars [kɑ:z] の語末の子音 [dz] と [z] の区別を取り上げよう。これらの子音はいずれも有声音であることから，それぞれ対応する無声音の [ʃ] ~ [tʃ] と [ts] ~ [s] に置き換えてみるとわかりやすくなる。すなわち，[ʃ] ~ [tʃ] の場合，たとえば ship ~ chip, shin ~ chin, shop ~ chop のように対立する語がたくさんあることから，まずこれらの対になった語を発音しながら比較してみる。次に，声帯を振動させてこれらの語頭の無声子音を有声音で発音してみる。そうすると，語中の [ʒ] (measure [méʒɚ]) と [dʒ] (major [méɪdʒɚ]) も区別しやすくなる。

今度は，[dz] ~ [z] の場合も同様に，hits [hɪts] (hit の複数形，または動詞の hit + 語尾 -s) ~ hiss [hɪs] (シュー (と言う)) のような無声子音の場合の対立する語を発音してみる。-ts で終わる語は bats, cats, dots, sits などたくさんあるが，いずれも口を横に広げて発音するとよい。次に，beds, goods, hands, kids などの語末の子音連結を有声音で発音すると，正しい語末の子音 [dz] が得られる。同様に，bees, cars, does, goes のように [-z] で終わる語を発音してみる。そうすると，cards [kɑ:dz] ~ cars [kɑ:z] の語末の子音もはっきりと区別できるようになる。

まとめ

英語を母語とする人の発音を直接聞き，自分でも発音してみて，さらに矯正してもらうことができれば理想的である。しかし，このような学習状況に恵まれない場合の次善の策としては，母語話者の英語が録音されたものをよく聞き，自分で何度も発音

してみて，先生や英語の得意な人に矯正してもらうことである。いずれの場合にも大切なことは，母音・子音の音質はもとより，強弱・長短などの音声特徴を見逃さないように注意して，なるべく大きな声で繰り返し練習することである。発音の基礎がある程度出来上がったら，難しそうな単語でも，音声表記を見ながら発音して，目と耳と口を活用して正しい発音を習得するよう心がけるのがよい。

第 3 章

語と用法の話

1　二重語の成立

はじめに

　戦後日本のめざましい復興の原動力は何かと問われれば，私なら日本人の勤勉さを最初にあげるであろう。食糧はもとより，燃料や電力も乏しかった昭和20年代，農業も林業も漁業も人力が頼みの綱であった。そのような折，土木工事に威力を発揮したのはトロッコである。レールの上を人が押して土砂や資材を運ぶ木製の4輪台車のことである。土砂を満載して坂を下る時は楽でも，上る場合は，土砂を降ろして軽くなったとはいえ，かなりの重労働であったと思われる。作業員は仕事を終えると，トロッコを軌道から外して家路を急いだ。その後に登場するのが近くに住む腕白小僧たちで，トロッコは彼らの格好の遊び道具となった。みんなで力を合わせてトロッコをレールの上に乗せ，坂の上まで押して行き，それから仲よく乗って坂を下るのである。これは芥川龍之介の短編小説『トロッコ』に描かれている世界と重なる。

　近所の遊び仲間も私も少し大きくなり，トロッコ遊びもしなくなった頃，バタバタと音を立てて走ることから「バタバタ」とか「バタコ」の愛称で知られていた自動三輪車やトラックを見かけることが多くなった。ダンプカーが登場したのはさらにそれから少し時がたってからのことである。

　ところで，このダンプカーというのは和製英語であり，正式には「ダンプトラック」(dump truck) というのだということを知ったのは大きくなってからのことである。また，トロッコとトラックは英語では同じ語 (truck) だとわかったのもかなり後のことである。最近では，山間の渓谷の軌道上を走る観光用のトロッコ列車という乗り物が人気を博している。この列車は車体の上半分が解放されていて外の風景が楽しめるようになっている。

それにしても，物を運搬するという点では共通しているものの，トロッコはもともと貨車であったことから，トラックとは違いすぎる。それでは一つの語がどうしてこのようにまったく異なる物を表すようになるのであろうか。少し時代をさかのぼって考えてみる必要がありそうである。

二重語の成立

　英語の truck の場合，元は大砲などを移動するための木製の小さな車輪を指していたが，後に「手押し車」に用いられるようになった。一方，馬車（古くは car）に代わる自動車が発明され，用途に応じて改良が進むと，乗用車は car, 乗合自動車は omnibus, そして運搬用の自動車は motor truck と呼んで区別されるようになった。乗合バスの bus は omnibus の連結詞 omni 'all' を取り除いて作られた語である。motor truck もこれと同じように motor を削除して作られた。その結果，綴りと発音が同じであった語が手押し車の truck（＝日本語のトロッコ）と運搬用の自動車の truck に分かれてしまった。日本語の場合，最初に入ってきた手押し車を「トロッコ」と呼んだことから，これとは似ても似つかない運搬用の自動車は，「トロッコ」との区別を強調して「トラック」と呼んだものと思われる。

　「トロッコ」と「トラック」のように，もとは同じ語でありながら別々の語とみなされるようになったものは「二重語」(doublet) と呼ばれる。二重語は別々の語として使い慣れているせいか，指摘されるまで気付かない例も少なくない。たとえば，衣類のしわを伸ばすのに用いられる「アイロン」は electric iron（電気アイロン）の略である。このアイロンは，ゴルフのクラブの先端にある鉄製のボールを打つ「アイアン」(iron) と呼ばれる部分と同じ語である。一方，「ミシン」は sowing machine（縫う機械）の短縮形

であるが、最近はこの machine は「マシーン」として自動車やバイクを指すのに用いられたり、ティーチングマシーン、ピッチングマシーン、マシーンガンなど、さまざまな製品をカナで表す場合にも用いられている。

　それでは、同じ英語なのに日本語に取り入れられるとこのように表記が異なってくるのはなぜであろうか。これは、英語に限らず、外国語を日本語として借用する時期と関係している。幕末になって日本が欧米諸国に門戸を開くようになっても、外国語を正確に発音したり表記できる人はごく限られていた。そのために、外国語のカナ表記が原語の発音とずれていたとしても、そのまま受け入れられたものと思われる。

　しかし、科学の進歩や技術の革新に伴い、旧来のものとはまったく異なる概念が紹介され、新しい商品が開発されて輸入されるようになってくる。一方では、外国語教育の普及と進歩によって、原語の発音に対する認識が次第に強まってくる。そうすると、従来の概念や物との区別が必要となることから、類似点よりも相違点を強調したカナ表記が好まれるようになると想定される。さらには、カナ表記も英語の発音により近いものが歓迎されるようになってくる。その結果、「トロッコ」より「トラック」、「アイロン」より「アイアン」、「ミシン」より「マシーン」というように、原語により近い片仮名表記が登場し、二重語が成立することになる。

　英語以外の言語が関わる例としては、「カルタ」（＜ポルトガル語の carta）と「カルテ」（＜ドイツ語の Karte）、「ガラス」（＜オランダ語の glas）と「グラス」（＜英語の glass）、「レッテル（＝紙片）」（＜オランダ語の letter）と「レター（＝手紙）」（＜英語の letter）などがある。

英語の中の二重語

　それでは，英語にも日本語の二重語に似たものは存在するのであろうか。英語は古くからラテン語，スカンジナヴィア語，フランス語など，主としてヨーロッパ諸語から強い影響を受け，かなり多くの語を借用してきたことから，二重語は少なくない。たとえば，イギリス人の先祖がまだ大陸にいる頃，ローマ人から借りた単語の一つに dish（皿）がある。ローマ人は「円盤，輪，皿」のように丸いものを discus [dískus] と呼んでいた。イギリス人はこの語を借用して使っていたが，900 年頃までに [sk] は [ʃ]（日本語の「シュ」に似た音）へと変化していたので，discus の語尾 -us を除いた語の中核部分の disc は現在と同じ [dɪʃ]（皿，料理）と発音された。なお，現在の dish という綴りはフランス語の影響の結果である。ところが，時代がずっと新しくなり，蓄音機が発明され，レコード版に音が収録されるようになると，この円盤状のものはラテン語の discus の中心部分（=「語根」(root)）を借りて disk と呼ぶようになった。ラジオが登場すると，ディスクジョッキーと呼ばれるレコード音楽とおしゃべりを楽しむ放送番組も始まり，やがてパソコンが普及すると，コンパクトディスク，ハードディスクなどにもディスクは用いられるようになった。そのために，dish と disk は，ラテン語ではまったく同じ語でありながら，現在の英語では二重語になってしまっている。

　「スカート」と「シャツ」が二重語だと聞くと驚く人がいるかもしれないが，skirt に先ほどの [sk] > [ʃ] という音変化を適用すると，shirt（(ワイ)シャツ）となることに納得がいくであろう（ちなみに，ワイシャツの「ワイ」は white に由来する）。すなわち，skirt [skɪrt] が shirt [ʃɪrt] になった後に，発音と綴りが異なる古ノルド語の skyrta [skýrtɑ] 'shirt' が英語に入ってきた (Onions (1966: 832))。なお，現在の「スカート」という意味は 13 世紀以降に生

じたものである。

その他，of 〜 off（＜古英語の of [of]），to 〜 too（＜古英語の tō [toː]），than 〜 then（＜古英語の þon(ne) [θon(ne)]），history 〜 story（＜ラテン語の historia（知識，物語，歴史）），flour（小麦粉）〜 flower（花）（＜中英語の flo(u)r [fluːr]），etiquette（礼儀，作法）〜 ticket（切符）（＜古フランス語の estiquet(te)）など，たくさんある。

日本語の二重語

日本語になった二重語のうち，これまでに取り上げた例はいずれも一般に片仮名で表記され，英語，オランダ語，ドイツ語などに起源がある外来語に限られていた。そこで，今度は日本語の二重語と思われる例について検討してみたい。最初に，「ゆきやま」（雪山）と「せつざん」（雪山）を取り上げよう。前者は「登山の対象となる雪の積もった山」または「雪をかき集めて小高く積み上げたもの」を指す。一方，後者は「年中雪に覆われているヒマラヤ山脈のような山」のことである。

次に，「もんじょ」（文書）と「ぶんしょ」（文書）の場合はどうであろうか。前者は一般に「書類」を指すが，特に古いものは「こもんじょ」（古文書）といい，後者の「事務上の書類」とは区別される。三番目に，「なんびと」（何人）と「なんにん」（何人）を見てみよう。前者は「なんびとも」のように「人間の種類に制約がない場合」，後者は「人間の数を問う場合」にそれぞれ用いられる。

いずれの場合も，漢字の表記は同じであるが，読みと意味は異なっている。漢字は中国から借りたものであるから考慮の対象から外すことにして，読みと意味について考えてみる。まず，「雪」を「ゆき」と読むのは日本古来のもの（以下，訓読み）であるが，「せつ」は中国語での読み（以下，音読み）である。同様に，「文」の「もん」と「ぶん」はいずれも音読みであり，訓読みは「ふみ」

である。また、「何」の「なん」は訓読みの「なに」に由来する。ちなみに、「何」の音読みは「誰何(すいか)」などに用いられる「か」である。したがって、上にあげた3組の例の場合、双方または片方に呉音や漢音という中国語の読み(=音)が用いられていることから、純然とした日本語の二重語の例とは呼べない。

まとめ

同じ起源の語であっても、用いられた時代や方言の違いによって音と意味にずれが生じることがある。その結果、別々の語となったものは二重語と呼ばれる。それゆえ、たとえば海外でも流行している bonsai(盆栽(ぼんさい))の二重語が出現するとしたら、それは、長い間に盆栽本来の音と意味が変わってしまい、変容した語が何らかの理由で日本でも用いられるようになり、盆栽と区別されるようになった時である。『国語大辞典』、『日本語学研究事典』、『広辞苑』などに「二重語」という見出しすら見当たらないのは、日本語に「二重語」そのものが存在しないことの反映であろう。

2　否定表現

はじめに

「そういう話はないことはない」という二重の否定を用いることがある。英語にもこれに似た I remembered it not without regret (私はそれを思い出して悔いがないわけではなかった) のような言い方がある。このような表現は否定の否定、すなわち「二重否定」(double negation) であるから、「肯定」の意味は弱まるとはいえ、結果的に肯定の意味を表すことになる。そして、二重否定という概念が成り立つためには、「否定が及ぶ範囲内に否定語が一つ含まれる」という前提条件が必要となる。

そうすると，理屈の上では，否定語を奇数回用いると「否定」になり，偶数回用いると「肯定」になる。もっとも，記憶の限界や明晰性の保持という観点からすると，結果的に「肯定」の意味を表すためには，否定語の繰り返しはせいぜい2〜3回であろう。

とはいえ，日本語の場合，日常会話では「ない，ない。そんなことはない。絶対ありえない。」のように否定語が何回も繰り返されるのを耳にすることはまれではない。この例では否定語は4回用いられているが，「そのとおりですよ」という肯定文ではなく，「そんなことは絶対にありえない」という強い否定が意図されている。

つまり，このような否定語の反復は否定を強めるために用いられていて，偶数回だから肯定を表すというわけではない。こういう表現は「多重否定」(multiple negation) または「累加否定」(cumulative negation) と呼ばれる。

日本語の否定表現

それでは，日本語の否定表現に用いられる否定語にはどのようなものがあるのだろうか。古典語には「ず，ぬ，ん，ざり」などの否定辞があるが，現代語ではたいていの場合「ない」が用いられる。この「ない」は，「動かない」，「降らない」，「見ない」のように，動詞の未然形につく助詞であり，動詞によって表される「行為」や「現象」などが実現しないことを示す。

一方，「非常識」，「非営利団体」，「非常な」，「不自然」，「不まじめ」，「不案内」のように，漢語の「非」と「不」は接頭辞として用いられる。ちなみに，「否」も否定語であるが，「否決」，「否定」，「否認」，「拒否」，「安否」など，ごく限られた慣用的表現に用いられるにすぎない。

現代の日本語では，一般に助詞の「ない」は動詞を否定し，漢

語の「非」と「不」は名詞と形容詞・副詞を否定する。そのために，否定が及ぶ範囲は狭く限られているように思えるが，実際には否定の対象が不明確なことがある。たとえば，「私はきょう買い物に行かない。あした行く。」と「私はきょう買い物に行かない。さんぱつに行く。」を比べてみると，「行かない」のは最初の文では「きょう」であるが，二番目の文では「買い物に」である。それゆえ，「ない」の否定が及ぶ範囲を明確に示すためには，助詞の「は」を用いて「きょうは」としたり，「買い物には」とせねばならない。

英語の否定表現

今度は英語の否定表現に目を向けてみよう。一般に，英語をさかのぼると日本語と共通した特徴に出会うことが少なくないが，多重否定の場合はどうであろうか。

最初に，古英語の場合について探ってみよう。(1) は991年頃に書かれた古英詩『モールドンの戦い』の1行である。この行では，主節の中に næs (< ne + wæs) 'not was' と nā (< ne + ā 'ever') 'no, not' という二つの否定語が用いられているが，二重否定ではなく単純否定を表す。ちなみに，この行では Godrīc と gūðe という [g-] で始まる二つの語が頭韻に関与しているが，否定語はいずれも頭韻にもリズムにも関わっていないことから，韻律の都合で否定語を二つ用いたのではないことがわかる。

(1) *Næs* þæt *nā* se Godrīc þe ðā gūðe forbēah.
    Was not that not the Godric   who then fight escaped
    'It was not the Godric who then fled from the fight'

(*The Battle of Maldon*, 325)

一方，(2) は『アングロサクソン年代記』の755年の出来事を

記述した中の文である。この場合，þæt 'that' で導かれている節の中にある二つの文はいずれも二つの否定語，すなわち，nǣnig (< ne + ǣnig 'any') 'not any' と nǣre (< ne + wǣre 'was') 'was not', および，nǣfre (< ne + ǣfre 'ever') 'never' と noldon (< ne + woldon 'would') 'would not' が用いられている。しかし，いずれも二重否定ではなく単純否定である。このような多重否定は韻文でも散文でも古英語では珍しくはない。

(2) And þā cwædon hīe him þæt him *nǣnig*
    And then said they to them that to them no
    mæg lēofra *nǣre* þonne hiera hlāford, and hīe
    kinsman dearer was not than their lord, and they
    banan *nǣfre* his folgian *noldon*.
    slayer never his follow would not.
    'And then they replied that no kinsman was dearer to them than their lord, and they never would follow his slayer.'
    (*The Anglo-Saxon Chronicle*, Anno 755)

今度は中英語の例を取り上げてみよう。(3) は 15 世紀末のチョーサーの『カンタベリ物語』の「総序」の中の 2 行である。この作品では多重否定がかなり多く用いられているが，多音節語の *névere* はたいてい強音部に生じ，1 音節の否定語の ne と no はほとんどの場合，弱音部を占める。それゆえ，これらの否定語はいずれも詩のリズムを調えるために利用されているとみなせる。

(3) He *névere* yét *no* víleynýe *ne* sáyde
    In ál his lýf untó *no* máner wíght.
    'He never yet said unfit speech, in all his life, to any sort of person.' (*The Canterbury Tales*: General Prologue 69–70)

それでは，中英語の散文の場合はどうであろうか。(4) は 1400 年頃に書かれた『マンデヴィル旅行記』の 1 文である。この文では，否定語は斜字体で示した 4 種類（= 4 語）が用いられているが，文全体は単純否定であり，「彼らのだれひとり皇帝に対して異論が唱えられるのを聞くことは決してないであろう」という意味を表す。このように，中英語でも多重否定は散文・韻文の区別なくかなり一般的である。

(4) *none* of hem *ne* schalle *not* here speke *no* contrarious thing to the emperour
 'none of them shall hear (anyone) speak contrary thing to the emperor' (*Mandeville's Travels* 169/36-170/2)

古英語と中英語では多重否定はかなり一般的であったが，16 世紀以降の近代英語期になると，このような表現は次第に減少し始める。そして，多重否定は 17 世紀の中頃以降，標準語からは姿を消す。もっとも，非標準的な英語では多重否定は今でも各地で用いられているようである（荒木・宇賀治 (1984: 511-513)）。

英語の否定辞の史的変化

今度は英語の否定語または否定辞そのものの史的変化の過程を見てみよう。最も古い古英語の否定語 ne は中英語期の終わりまでに消滅したが，ne と複合した形式はすでに古英語から出現し始めた。すなわち，ne は本来，名詞・形容詞・動詞とは異なり，強勢がなく，弱化しやすいことから，否定の意味を強めるために他の語が添えられることが少なくなかった。

それで，ne [nə] を ā [ɑː] 'ever, always' で強めた場合，nā [nɑː]（< ne + ā）となり，その後の音変化を経て現在の no が生まれた。Ne が ǣfre [ǽːvre] 'ever, always' によって強められると，nǣfre [nǽːvre] 'never' となり，ne が ān 'one' によって強められると，nān [nɑːn] > nōn [nɔːn] > none [nʌn] となった。一方，not は ne + ā + wiht [wıçt] 'thing' から生じた。

その結果，現在は独立の否定語の種類が豊富になり，never, no, none, not, nobody, nothing, nowhere がさまざまな品詞を否定するのに用いられている。注目すべきことは，never と not 以外の否定語は名詞または代名詞として主語になれることであり，日本語と大きく異なる特徴の一つとなっている。

一方，否定の接頭辞の場合，古英語に由来するのは unclear, unhappy, unusual などに用いられる un- のみであるが，現在でも動詞以外の品詞に広く付加される。ちなみに，uncover（ふたをとる，暴露する），unlock（錠を開ける），unwrap（（包んだものを）あける）などの動詞につく un- は「否定」ではなく「反転」(reversative) の意味を表す。なお，until と unto の un- は，現在は否定の un- と同じ形式であるが，「否定」や「反転」とは無縁の「～まで」を意味する古ノルド語 (Old Norse) の und に由来する。

一方，ゲルマン語以外の外国語から借用された否定の接頭辞には，disbelieve, dislike, distrust などに用いられる dis- と，inability, incapable, invalid などに見られる in- がある。このうち，dis- は主に動詞に付加され，in- は形容詞と名詞に用いられることから，主として形容詞と副詞を否定する在来の接頭辞 un- を補う役割を果たしていることになる。ちなみに，illegal, impossible, irregular などの語の il-, im-, ir- という否定の接頭辞は，in- の [n] が後続の語幹の初頭音 [l, m, r] と同化して生じたものである。

英語の否定文の史的変化

最後に，否定文の史的発達の過程を確認しておこう。古英語期には ic *ne* singe 'I not sing' のように，否定語は規則的に否定する

動詞の直前に置かれた。しかし，弱強勢の ne [nə] だけでは否定の意味が弱いと感じられたのであろう。中英語期には否定の意味を強めるために，動詞の後に not が置かれ，ic ne singe not という否定文が一般的となった。その後，not が本来の否定語とみなされるようになると，中英語の後期になって ne は用いられなくなり，not だけが否定の役割を果たす ic sing not という文が生じた。それから，16 世紀以降に do が助動詞として発達してくると，not は do に伴い，I do not sing となり，17 世紀以降は I don't sing のような縮約形も用いられるようになった。

まとめ

　英語をさかのぼっていくと，二重子音をそのままダブらせて発音したり，母音はすべて完全音価を維持していたり，多重否定を用いたり，SOV という語順があったり，などなど，音韻と統語面で日本語に似通ってくるから面白い。両言語はこれまでさまざまな歴史的変化にさらされてきたが，否定語の語順は特定の時期を除いて，変わることなく維持されてきた。すなわち，英語の否定語の ne や not などはこれまで一般に直後の語句を否定してきたのに対して，日本語の「ない」や「ぬ」などの否定辞は直前の語句を否定するという原則を貫いてきた。これは SVO 言語と SOV 言語に付随する特徴の反映なのかどうか，今は即答できない。いずれじっくり考えてみたい。

3　動詞の形成と語形変化

はじめに

　英語を習い始めた頃は動詞の語形変化を熱心に覚えたが，過去形と過去分詞形については，異なる形式が用いられることがあり，

発音や用法も異なることから，今でも時おり辞典で確認せねばならない。ところが，近頃の英和辞典には「不規則動詞」の一覧は見当たらない。大小さまざまな英語辞典を探しても，比較的新しい辞典にはこの種の表が収録されていない。巻頭に辞典の使い方が詳しく説明されているが，そこにもこの一覧は含まれていない。ドイツ語やフランス語の辞典の場合，小さいものでも動詞の変化表はついている。いつの頃からか，この種の一覧表が英和辞典から姿を消してしまった。この節で考えたいのは，動詞の語形に規則的なものと不規則なものがあるのはなぜかということである。

不規則動詞の規則性

英語の不規則動詞については，どうして不規則として扱われてきたのかいまだによく理解できない。たとえば，drive ~ drove ~ driven, keep ~ kept ~ kept, swim ~ swam ~ swum のように，語幹の母音が不定詞と過去および過去分詞とで異なる場合は不規則変化とみなされている。ところが，これらの不規則動詞とまったく同じ変化の仕方をする動詞は (1) のように決して少なくはなく，むしろ明確な原則に基づいているように思われる。

(1) a.　drive と語形変化が同じ動詞： arise, ride, rise, stride, strive, write など。
　　b.　keep と語形変化が同じ動詞： creep, deal, feel, kneel, leave, mean, sleep, sweep, weep など。
　　c.　swim と語形変化が同じ動詞： begin, drink, ring, sing, sink, swing など。

不規則動詞の語形変化に一定の規則性があることに気がつき，このような語形の交替現象に興味を示す人もいるであろう。しか

し、このような現象の詳細を知らなくても、英語の学習には支障なく、不自由しないことから、一般には深く追求されることはないであろう。そこで、ここでは英語の動詞の語形変化に不規則なものが存在するに至った経緯について探ってみたい。

規則動詞と不規則動詞

　動詞の不定詞、過去、過去分詞という形式の変化は「活用」(conjugation) と呼ばれる。不定詞に -d または -ed をつけて過去形と過去分詞形を作る walk ~ walked ~ walked, stop ~ stopped ~ stopped, study ~ studied ~ studied などの動詞は一般に「規則動詞」(regular verbs) と呼ばれるグループを形成するが、その他の hurt ~ hurt ~ hurt, run ~ ran ~ run, take ~ took ~ taken などの動詞は「不規則動詞」として一括されている。それなら、規則に合致しない動詞がなぜ存在するのであろうか。

　この問題に取り組むためには、不規則動詞のどこが不規則なのかを詳しく調べてみなければならない。最初に、feel ~ felt ~ felt, keep ~ kept ~ kept, sleep ~ slept ~ slept のように変化する型の動詞を取り上げてみよう。いずれも、過去形と過去分詞形が -t で終わる点は規則動詞と同じであるが、語幹の母音については、不定詞が長母音であるのに対して、過去形と過去分詞形では短母音となり、音質の変化も伴っている点が異なる。この型に属する (1b) にあげたような動詞はいくつもあるが、いずれもかつて生じた音変化によって語形の相違は説明できる。

古英語の動詞の活用

　そこで、今から千年以上前の古英語にまでさかのぼって考えてみたい。古英語の場合、動詞は活用の仕方によって「弱変化」(weak conjugation) と「強変化」(strong conjugation) に分けられ

ていた。前者の場合，過去形と過去分詞形は，fremman [frémman] 'acommplish' 〜 fremede 〜 (ge-)fremed のように，不定詞の母音を変えず，語尾 -de と -ed を付加することで作られた。なお，これらの語尾は tǣcan [tǽːtʃɑn] 'teach' 〜 tǣhte [tǽːçte] 〜 (ge-)tǣht [(je-)tǽːçt] や sellan [séllɑn] 'sell' 〜 sealde [sǽɑlde] 〜 (ge-)seald のように，子音が無声化して -te となったり，母音が消失することもある。一方，後者の場合，過去形と過去分詞形は drīfan [dríːvan] 'drive' 〜 drāf [drɑːf] 'drove' 〜 drifen [dríven] 'driven' のように，不定詞の母音を変えることによって作られた。この母音の交替は 7 種類の型に従い，規則的に行われ，決して不規則なものではなかった (Quirk and Wrenn (1957: 46-53))。

ところが，紀元 1000 年頃までに，母音は -ld, -mb, -nd, -rd, -rl, -rn などを除く子音連結の前で短音化した (Pyles (1971: 164-165))。そのために，fīf 'five', hūs 'house', wīf 'wife, woman' などの語幹の長母音はそのまま維持されたが，fīfta 'fifth', hūsbonda 'house-holder, husband', wīfman 'woman' のように，子音で始まる接尾辞や語が次に付加された語では，語幹の母音は短音化して fifta, husbonda, wifman となった。

この種の短音化は古英語の弱変化動詞にも生じ，そのために，たとえば不定詞 slǣpan [slǽːpan] 'sleep' の語幹の長母音は維持されたが，過去形 slæpde (または slæpte, slepte) と過去分詞形 slæpt (または slept) の語幹の母音は短音化した。さらに，長母音はその後さまざまな音変化を受け，弱変化動詞の不定詞と過去・過去分詞の語形がかなり変わってしまったことから，今日では不規則動詞と呼ばれるようになった。なお，外来語の場合は在来の強変化動詞の母音交替が適用されず，すべて語尾 -ed を付加することによって過去・過去分詞形が作られたので，弱変化動詞の数は次第に増えていった。

一方，(1a) の swim 〜 swam 〜 swum のような動詞の場合，過去・過去分詞を表す語尾 -ed が付加されず，不定詞・過去・過去分詞の区別は語幹の母音の相違によってなされている。これらの動詞も不規則動詞と呼ばれているが，よく見ると，drink 〜 drank 〜 drunk, sing 〜 sang 〜 sung, sink 〜 sank 〜 sunk のように，語幹の母音交替が同じ動詞がいくつもあり，さらに，drive 〜 drove 〜 driven と同じ変化をする動詞も rise 〜 rose 〜 risen, bite 〜 bit 〜 bitten のようにいくつかあることから，単純に「不規則」と呼んで同じグループに入れるわけにはいかない。これらの動詞はいずれも古英語の強変化動詞に属していたことから，現代英語でもかなり規則的な母音交替が維持されている。

　このような強変化動詞の母音交替の型は今から 2000 年以上も前のゲルマン共通語の時代に決まっていたもので，新たに作られる動詞や外国語から借りた動詞には適用されなかった。弱変化動詞の数が徐々に増えていったのに対して，強変化動詞は新しく作られた動詞に取って代わられるなどの理由により，次第に数が減っていき，現在では少数の動詞となってしまった。それでも，これらの動詞は昔から使い慣れた使用頻度の高い基本語彙であることから，簡単に規則動詞に取って代わられるということはないであろう。ちなみに，英語と近縁のドイツ語にも語幹の母音を交替させて不定詞・過去・過去分詞を区別する動詞が 200 以上あり，不規則変化動詞と呼ばれているが，これらの動詞の語形変化にも規則性が認められる。

日本語の動詞の語形変化

　今度は日本語の動詞の語形変化を取り上げよう。興味深いのは，活用による語形変化よりも動詞自体の作り方であろう。中国から渡来した漢語の場合，「勉強する」，「運転する」，「購入する」

のように，語尾「する」をつければ動詞になる。日本で作られた「野球，卓球，ゲートボール」のような造語であっても，「する」をつければ動詞になる。ところが，日本古来の動詞には語尾「する」はつかない。英語の不定詞に相当する基本形（終止形）はすべて「ウ段」（すなわち，五十音図の各行の三番目の段）の音(おん)で終わり，活用はほぼ行(ぎょう)にしたがって展開される（『国語学大辞典』(1980: 643–655)）。

　日本語の動詞は語幹と屈折語尾から成るが，両者の組み合わせは興味深い。(2)にあげた動詞の場合，清音の -u, -ku, -su, -mu, -ru と濁音の -bu, -gu で終わる動詞は，かつて多く作られ，今日まで維持されてきたことから，数が豊富にある。一方，-tu, -nu で終わる動詞はごく少数に限られ，-hu, -wu, -zu, -du で終わる動詞は見当たらない。なお，-yu で終わる語は文語的である。

(2) a.　清音
　　　-u:　　会う，買う，食う，請う，吸う，添う，戦う，問う
　　　-ku:　 書く，聞く，割く，退く，漉く，説く，吹く，叩く
　　　-su:　 押す，隠す，貸す，崩す，指す，出す，伸す，伏す
　　　-tu:　 打つ，勝つ，立つ，放つ，待つ，持つ
　　　-nu:　 去(い)ぬ，死ぬ
　　　-hu:
　　　-mu:　編む，囲む，噛む，混む，住む，畳む，積む，飲む
　　　-yu:　 聞こゆ，越ゆ，見ゆ
　　　-ru:　 居る，売る，得る，刈る，着る，蹴る，走る，見る
　　　-wu:
　　b.　濁音
　　　-gu:　 嗅ぐ，漕ぐ，削ぐ，継ぐ，研ぐ，脱ぐ，剥ぐ，もぐ
　　　-zu:

-du:

-bu: 遊ぶ, 浮ぶ, 叫ぶ, 飛ぶ, 並ぶ, 運ぶ, 学ぶ, 呼ぶ

そこで, 動詞を形成する語尾の変遷をたどってみたい。最初に, -tu 語尾を伴う「打つ, 勝つ, 立つ」のような動詞の例が少ない理由を探ってみよう。かつては,「当つ (あつ), 充つ (あつ), 凍 (いつ), 棄 (うつ), 落つ (おつ)」のように, 語尾 -tu で終わる動詞はかなり一般的であった。しかし, この語尾に -ru 語尾が付加されたり, 同じ意味の他の動詞が用いられるようになったことなどの理由により, 次第に数が減少したものと思われる。

一方, -nu で終わる (3) のような動詞はかつては数多く見られたが, 現在では一般に用いられているのは「死ぬ」だけであり,「帰る」を意味する「去ぬ, 往ぬ (る)」は関西などの一部の地域に限られている。かつての -nu で終わる動詞の多くは -ru で終わる動詞に切り替わってしまっている理由の一つとして, 終止形の語尾 -nu は「有らぬ, 入らぬ, 知らぬ, 思わぬ」などの動詞の否定を表す語尾 -nu と同形であったことから, 両者を区別しようとする力が働いたと考えられる。

(3) 寝ぬ (いぬ), 兼ぬ (かぬ), 損ぬ (そこぬ), 重ぬ (かさぬ), 尋ぬ (たずぬ), 委ぬ (ゆだぬ), 跳ぬ (はぬ)

一方,「問ふ, 買ふ, 喰らふ」のように -hu を伴う動詞はかつては多く用いられたが, 現在までに消滅してしまった。この主な理由として, 語尾 -hu の [h] という摩擦音は他の多くの言語の場合と同様, 調音上かなり弱い音であり, 脱落しやすいことから, -u となったと考えられる。ちなみに,「偲ぶ」は奈良時代には「偲ふ」であったことが知られているが,「しのう」とはなっていない。元来, この種の「ふ」は声門摩擦音の [h] ではなく, 両唇摩擦

音の [ɸ] であったと考えられる。この音が有声化して [β] となり，さらに閉鎖音の [b] へと変化したのであろうか。

語尾 -yu も (4) のように数多くの動詞の終止形に用いられていた。このうち，「匂ゆ → 匂う」の変化は半母音 [j] の脱落 (すなわち，-yu > -u) という変化で説明できるが，その他の例では現在は「老いる，変わる，悔いる，凍る，絶える，見える」となっていることから，-ru 語尾に至る過程でさまざまな音変化が生じたことがわかる。

(4) 老ゆ，匂ゆ (におゆ)，変ゆ (かゆ)，悔ゆ，凍ゆ (こごゆ)，絶ゆ (たゆ)，見ゆ

次に，語尾 -wu の場合，「わ行」の wa「わ」，wi「ゐ」，we「ゑ」，wo「を」はいずれも仮名書きで表され，音としても存在する。一方，-wu [wu] は対応する仮名文字がないことから，太古の昔にこの音があったとしても，表記される以前に消失してしまっていた可能性が強い。ちなみに，英語では woo [wuː], wood [wʊd], wool [wʊl] のように，[wʊ-] で始まる語はいくつかある。

興味深いのは -zu と -du の場合である。両者は，かつては音声面のみならず，表記の上でも「ず」と「づ」と明確に区別されていた。さらに，これらの語尾は漢語と和語の区別にも貢献していたようである。たとえば，「ず」は (5a) のように，語幹が音読みされる動詞に主に用いられているが，「づ」は (5b) のように，日本古来の語幹に限られているようである。

(5) a. 降ず (こうず)，勘ず (かんず)，討ず (とうず)，忘ず (ぼうず)，成ず (じょうず)，念ず (にょうず)，老ず (ろうず)
    b. 秀づ (ひいづ)，怖づ (おづ)，抽づ (ぬきづ)，閉づ (とづ)，撫づ (なづ)，恥づ (はづ)

それゆえ，動詞の終止形の語尾 -zu と -du は少なくとも本来は漢語と和語を区別するために用いられた可能性がある。いずれにせよ，現在ではこれらの動詞の語尾はいずれも「ず」であり，「づ」で終わる動詞はまったく用いられない。語尾 -zu を伴っていた漢語の動詞の多くは「降りる，討つ，忘れる，成す，老いる」のように在来の日本語に置き換えられたことから，語尾の「ず」と「づ」を区別する必要性が薄れ，「づ」で終わっていた旧来の動詞も「秀でる，怖じる，閉じる，撫でる，恥じる」のように，-zu 語尾に変化したのであろう。

最後に，-bu を取り上げよう。かつては (6) のように，-bu で終わる動詞が少なくなかった。しかし，このような動詞もまた他の同義の動詞に取って代わられ，あるいは，「る」で終わる動詞に変化した結果，-bu で終わる動詞は現在ではそれほど多くはない。

(6) 歩ぶ (あいぶ)，荒らぶ (あらぶ)，食うぶ (たうぶ，とうぶ)，賜ぶ (たうぶ)，高ぶ (たかぶ)，媚ぶ (こぶ)，猛ぶ (たけぶ)

まとめ

英語の動詞の語形は，現在は規則的なものと不規則なものが混在しているが，これはこれまでに生じた音変化と，それに伴う綴り字の変化の結果である。同様に，日本語の動詞もこれまでにかなりの変化を経てきて，現在では新しい動詞は「する」を付加して形成される。日本古来の動詞も「る」で終わる語に変化した例もかなりあることから，結果的に，動詞の終止形は，「する」も含めると，漢語も和語も -ru で終わる場合が圧倒的に多くなってきた。もっとも，なぜこのように変化してきたのかは簡単に述べられないので，今後の課題としたい。

4　Be 動詞の機能と用法

はじめに

　英語の be 動詞にはさまざまな語形（am, are, be, been, being, is, was, were）が用いられていて，他の動詞よりはるかに多様である。それにもかかわらず，'You are honest' の are のように語形だけでは単数・複数の区別がつかない場合もある。一方，仮定法・過去の 'If I were a bird, ...'（もし私が鳥だったら，...）の were は，直説法・過去・複数形と同じ形式であるのに，単数の主語に用いられている。また，'If it be rainy tomorrow, ...'（もし明日，雨だったら，...）のような仮定法・現在の場合，be は不定詞と同じ形式である。さらに，この be と同じ形式は 'Be quiet!' のような命令文でも用いられている。それでは，Be it ever so humble, there's no place like home（たとえどんなに粗末であれ，わが家に勝るものはない）という文の be はどうであろうか。この be は文頭に位置しているが，命令を表すのではなく，However humble it may be, ... と書き換えられる譲歩節に用いられている。一方，albeit [ɔːlbíːɪt]（... ではあるが）という語の場合，約 600 年前の文献では All be it that（= although）と記されていることから，この語に含まれる -be- はもともと be 動詞であったことがわかる。それでは，現代英語の be 動詞の語形と用法がこのように多様であり，しかも両者がきれいに対応していない背景には何があったのであろうか。

Be 動詞の語形

　Be 動詞の語形の多様性の原因を探る前に，(1) の例を参照しながら，be という形式と用法の関係を明らかにしておきたい。

(1) a.　To be or not to be, that is the question.

(生きるか死ぬか，それが問題だ)

b. He must be a millionaire. （彼は富豪に違いない）

c. If it be fine tomorrow, I will go out for hiking.
（明日天気がよければ，ハイキングに出かけたい）

d. Boys, be ambitious! （少年よ，大志を抱け！）

e. Be it ever so humble, there's no place like home.
（たとえどんなに粗末であれ，わが家に優るものはない）

f. albeit [ɔːlbíːɪt] (= although)（〜ではあるが）

(1a) はいわゆる「to 付不定詞」であり，be 動詞の原形が用いられ，to be は主語にも補語にもなりうる。(ちなみに，この有名なハムレットの独白は，To bé or nót to bé, that ís the quéstion. のように弱強5詩脚のリズムから成り，行末は韻を踏まない。このような形式は「無韻詩」(blank verse) と呼ばれ，シェイクスピア (William Shakespeare, 1564–1616) など，多くの劇作家が用いている。) 次に，(1b) では原形の be が助動詞の後で用いられている。(1c) の be は仮定法・現在であることが歴然としているが，語形は (1a, b) とまったく同じである。(1d) は命令法であるが，語形はやはり他の場合と同一である。Boys のような呼びかけの語を別にすれば，命令文では文頭にくるのは動詞である。しかし，(1e) のような譲歩節でも be は文頭にくることから，文頭という位置が命令法という用法を決定するわけではないことがわかる。(1f) の albeit は学術論文では時おり見かけるが，大辞典の語源欄に目を通すような人でない限り，この語の -be- が be 動詞であったことに気づかないであろう。しかし，たとえば 600 年ほど前に書かれた *Mandeville's Travels*『マンデヴィル旅行記』(Seymour (1967: 223)) では，<u>alle be it</u> that men myghte don it wel ... 'all be it that (= although) men might do it well ...' の下線部のように記されていることから，現在では

語の一部となっている -be- がかつては be 動詞であったことがわかる。

Be 動詞の形態と分類

次に，be 動詞を形態上の類似点を手がかりにして分類してみよう。すると，母音で始まるもの (am, are, is)，b- で始まるもの (be, been, being)，w- で始まるもの (was, were) という三つのグループからなることがわかる。一方，時制・人称・数を基準にすると，am, are, be, was, were のように，この基準に応じて語形が決定される「定なもの」(definite) と，be, been, being のように「不定なもの」(indefinite) に区別できる。

しかし，このように分類を試みたところで，意義ある結果は得られそうにない。そこで，時代をさかのぼって，be 動詞の語形の多様性の背景を探りたい。

Be 動詞の系統と史的変化

19 世紀に隆盛を極めた歴史言語学の研究成果の一部として，たとえば be 動詞は 4 種類の異なる語から派生したことが明らかになった。しかし，このような説は科学的な根拠に基づいているものの，あくまでも推定であり，現存の文書に具体例が残されているわけではない。それゆえ，先史時代の言語に通じていない者にとっては，例が豊富にある古英語以降の文献を検討するのが望ましいと思われる。

そこで，古英語の be 動詞を取り上げて検討してみたい。古英語では wesan [wézɑn] と bēon [béːon] という系列の異なる 2 種類の動詞が用いられていた。最初に，wesan の直説法・現在・単数形の場合，一人称は ēom [éːom]，二人称は eart [ǽɑrt] (> (thou) art [ɑː(r)t])，三人称は is [ɪs] であり，いずれも母音で始まっていた。

このうち，一人称の ēom は現在の am へ，三人称の is [ɪs] は is [ɪz] へと変化した。一方，二人称の eart は中英語では art [art] となり，シェイクスピアの頃も二人称・単数形の人称代名詞 thou [ðáʊ] には art [ɑːrt] が対応していた。しかし，本来は複数形の代名詞であった you が単数の場合にも用いられるようになると，art はすたれてしまった。

次に，wesan の直説法・現在・複数形には sindon [síndon] と earon [ǽɑron] という2種類の形式があった。このうち，sindon は古英語期にはすべての方言で用いられたが，中英語期に入るとあまり用いられなくなり，1200年以降にすたれてしまった。そのために，現在は s- で始まる be 動詞は英語には存在しない。ちなみに，ドイツ語では sein [záɪn] と wesen [véːz(ə)n] が英語の be 動詞に相当する機能を担っていて，'we are' は 'wir sind' [viː(r) zɪnt] となる。一方，earon は古英語期には中部方言に限られていたが，中英語期になると少し変形した are(n) [ɑ́ːrə(n)] が北部方言と中部方言で用いられ，16世紀以降は are [ɑː(r)] となり，この語形がすべての方言で標準的となった。

古英語の wesan の仮定法・現在の場合，単数形の sīe [síːe] と複数形の sīen [síːen] があった。しかし，中英語期になるとこれらの語は bēon 系列の単数形の be [beː]（＜古英語の bēo [béːo]）と複数形の bēn [beː(n)]（＜古英語の bēon [béːon]）に取って代わられた。ところが，ben の語尾 -n が脱落したことから，be と ben は中英語期の末までに同じ be となり，数の区別に対応できず，さらに不定詞の be との区別もつかなくなってしまった。

一方，wesan の直説法・過去形には wæs [wæs]（一／三人称・単数形，二人称・単数形は wǣre [wǽːre]）と wǣron [wǽːron]（複数形）があり，これらは現在の was と were となった。bēon の系列にも直説法・現在形に bēo [béːo]（一人称），bist [bɪst]（二人称），biþ [bɪθ]（三人

称), bēoþ [béːoθ]（複数）があり，これらの語は中英語期に入っても一部の地域では用いられていたが，その後すたれてしまい，現在ではこれらの語形は存在しない。

次に，wesan の仮定法・過去の場合，単数形の wǣre [wǽːre] と複数形の wǣren [wǽːren] があったが，中英語期の末に語尾 -n の脱落と母音の変化が生じた結果，単数と複数の語形は同一の were [wɛːrə] となり，さらに，その後の音変化によって，今日の were [wəː(r)] となった。その結果，この語形は現在では直説法・過去の複数形と同一となってしまった。それゆえ，このような歴史的な経緯がわからないと，'If I were a bird, ...' のような仮定法・過去の were は直説法・過去・複数形の were が代用されていると誤解してしまう。

今度は wesan とは系列の異なる bēon を取り上げよう。この系列の場合，過去形は直説法であれ，仮定法であれ，そもそも古英語には存在しなかった。そして，中英語期になると，bēon は直説法・現在形がすたれ，仮定法と命令法と不定詞だけとなり，その結果として，直説法・現在と過去のすべての語形は wesan の系列のものだけとなった。

なお，いずれの系列にも現在の been に対応する過去分詞形は存在しなかった。この理由は，Where have you been?（どこにいたの？）というような助動詞の have を用いた完了表現がそもそも古英語期には存在しなかったことから，このような語形は必要なかったのである。現在の been は，過去分詞を示すために広く用いられていた接頭辞 ge- をつけて，1100 年頃に gebēon [jebéːon] として登場する。この ge- はその後，弱化して [ɪ-] となり，やがて消滅したことから，最終的に been という語形となった。ちなみに，古英語の wesan 系列の直説法・現在の biþ と bēoþ は，bēon 系列の is と sindon と比べて，未来のことを表す場合により多く

用いられる傾向があった。

　今度は，be 動詞の命令法について考えてみたい。命令法は一人称と三人称に対して用いることは不可能ではないが，本来的な用法は二人称の場合であることから，ここではこの人称に限って考えてみよう。古英語の命令法には，単数と複数の区別があったこと，および，主語を明示する場合もあったことから，現代英語の命令法とは若干異なる。

　wesan の系列の場合，単数には wes [wes]，複数には wesaþ [wézɑθ] が用いられたが，bēon の系列の場合，単数には bēo [béːo]，複数には bēoþ [béːoθ] という形式があった。しかし，中英語期になると，w- で始まるさまざまな過去形との混同を避ける必要からも，bēon に由来する語形が好まれるようになった。そして，単数形の bēo は be [beː] に，複数形の bēoþ は beeþ または beeth（いずれも発音は [beːθ]）へと変化した。しかし，二人称の代名詞の語形が you に統一され始めると，be は単・複いずれの数にも用いられるようになり，beeth はすたれ，今日では be のみとなった。

　このように，現在の be 動詞に見られる不規則で多様な語形は，起源の相違だけではなく，古英語以降に生じたさまざまな言語変化にも原因があることがわかる。これら二つの原因によって，結果的に同一となった語形が異なる用法に用いられることとなった。

To＋原形不定詞をさかのぼる

　最後に，史的観点から不定詞の形式と用法について考察してみたい。たいていの人は現代英語の to be のような to＋動詞の原形（＝不定詞）という形式を抵抗なく受け入れ，多くの前置詞の中で to だけが動詞を目的語とすることに疑問を抱かないであろう。

しかし,このような形式はきわめて例外的なものなのである。

　古英語の前置詞 tō 'to' は,与格 (dative) の目的語を伴う場合は運動・状態・時間・目的などを表し,属格の目的語を伴う場合は時間 'at' を表した。これらの目的語は一般に名詞や代名詞であるが,与格の場合には動名詞であることもあり,運動・動作の方向や目的などを表した。動名詞はあくまでも名詞であることから屈折語尾 -(i)enne を伴い,たとえば現在の to be は tō bēonne, to live は tō libbenne であった (Moore and Marckwardt (1968: 19-31))。

　しかし,中英語の後期に不定詞と動名詞の語尾は名詞・形容詞・動詞などと同様,弱化と脱落の過程を経た結果,両者の語形は同一となった。そのために,見かけ上は前置詞の to が動詞の原形不定詞を目的語とするようになった。

　ちなみに,to + 名詞は現在では主語にも補語にもなりうるが,本来は前置詞句として,主に副詞の機能を果たした。たとえば,today, tomorrow,および現在では廃語になっている toyear 'this year' も最初は 'to + 名詞' という句であり,副詞として用いられたが,後に 1 語となり,名詞としても用いられるようになった。

まとめ

　現代英語の be 動詞にはさまざまな語形が存在し,用法もさまざまであること,さらには語形と用法の対応に一貫性がないことにたいていの人は疑問を抱くであろう。しかし,このような疑問は現代英語をいくら深く追求しても解消することはない。Be 動詞の語形と用法との複雑な関係は,遠い昔にさかのぼってみて初めて理解できることから,史的観点から言葉を眺めることの重要性を痛感させられる典型的な例といえよう。

5 複合代名詞の再帰用法の出現

はじめに

「これは私の問題である」という文の主語「これは」を強めると、一般に「これこそ」となり、「こそ」という助詞が付加される。しかし、この「こそ」は「私の」のような所有格には用いられない。それゆえ、「私の」を強めるためには「私」と「自身」の複合形を所有形にして「私自身の」とするか、「だけ」という助詞をつけ加えて、「私だけの」とせねばならない。一方、この文の述語の「問題」を強めるには「こそ」も「自身」も「だけ」もだめで、「そのもの」を付け加わえて、「問題そのもの」とする。

このように、強調のために添えられる語句にはきびしい制約がある。もっとも、語を強調する場合のみならず、言葉の使い方のむずかしさは日本語も英語も同様である。そこで、この節では「自身」に対応する英語の self を取り上げ、この self が先行する代名詞と結合した後の語形と用法の詳細を史的変化の観点から明らかにしたい。それゆえ、対象は herself, himself, myself などの複合代名詞であり、免疫学の nonself（非自己）、哲学用語の not-self（非我）、生物・医学の self-to-self（自己由来の）などの名詞や形容詞は対象外とする。

複合代名詞の形式と用法

現代英語の場合、複合代名詞（以下、複合形と略す）は myself, yourself, himself, herself, itself, oneself, ourselves, yourselves, themselves の9つである。これらの語から気づくことは第一要素の格の多様性である。すなわち、見ただけでは格を特定できない itself と oneself を除くと、単数・複数いずれの語形にも主格以外のすべての格が用いられている。そのために、たとえば I did it

の主語を強調する場合,「私自身が」に対応する Iself がないことから, I myself did it または I did it myself と言わねばならない。ちなみに,前者のように主語の次に再帰代名詞を置くのは文語的である。なお,この myself は I の所有格である my と複合しているが,所有代名詞としては用いられない。そのために,「私自身の」を表すには my own とせねばならない。同様に,yourself, yourselves, ourselves も所有を表さないことから,所有を強調する場合には your own, our own が用いられる。

次に,第一要素が目的格の himself と themselves の場合,同じく第一要素が所有格の hisself と theirselves が存在しないことから,主格の he または they を強調する場合,He himself did it, They did it themselves などのように,この目的格を第一要素とする形式が用いられる。

一方,herself, itself, oneself も The house *itself* is nice, but the garden's very small (家そのものは素敵だが,庭はとても小さい), The manageress spoke to me *herself* (その女性店長は自分から私に話しかけた) のように,主語を強調するために用いられているが (Swan (1995: 471)),itself と oneself はいずれも主格と断定できない。

このように,複合形はいずれも強調する名詞や代名詞の数には対応するものの,格はさまざまなものが用いられる。

複合形の再帰用法

複合形は動詞によって表される動作の対象 (goal) が動作主 (agent) 自身であることを示す用法としても用いられる。この場合,複合形は動詞または前置詞の目的語として,その文の主語と同一の人物でなくてはならない。たとえば,He killed him という文の場合,動作主である主語 (= he) と kill「殺す」という行為 (action) の対象 (= him) が同一人物であるなら,この対象は再帰

形の himself でなければならず，この文は「彼は自殺した」という意味を表す。ところが，動作主と目的語が別人である場合には，複合形ではなく，人称代名詞（以下，単純形と略す）の him を用いて He killed him とせねばならない。

一方，Mary looked at herself in the mirror（メアリーは鏡に映っている自分の姿をじっと見た）のように，動作主と同一の人物が前置詞の目的語となる場合も複合形が用いられる。ちなみに，Mary looked at her in the mirror という文の前置詞 at の目的語（＝her）が主語（＝Mary）とは異なる人物である場合，複合形ではなく単純形が用いられ，この文は「メアリーは鏡に映っている彼女をじっと見た」という意味を表す。

複合形の史的変化

以上のように，現代英語の複合形は再帰用法と強調にごく普通に用いられ，形式と用法に種々の制約が課せられているが，これは史的変化の結果である。それゆえ，複合形の語形と用法から生じてくる疑問は歴史的な観点から説明しないと解消できない。

そこで，最初に複合形の形式の史的変化を概観しておきたい。8〜11世紀頃の古英語では，名詞や形容詞を強調する場合，独立語の形容詞 self が一般に用いられた。当時の英語は現在のドイツ語と同じ屈折言語であったことから，形容詞は性・数・格に応じて語形が変化した。したがって，self は，たとえば人称代名詞を強調する場合，ic self(a) 'I self', hine selfne 'him self', hire selfre 'her self', hiera selfra 'their selves' のように，人称代名詞の性・数・格と一致した。ただし，その頃の self は主要語（head word）と結合することはなく，独立語として主要語の後に置かれた。

また，その頃は hē ... him self, wē ... ūs selfe のように，主語と強調の self の間に人称代名詞が挿入されることもあった。このよう

な代名詞の与格はもともと独立した再帰用法であったが,この役割は次第に不明瞭となり,後続の self と一体であるとみなされるようになった。こうして出来上がった -self を第二構成素とする複合形は self だけの用法をしのぐようになり,12 世紀になると一般的となった。

一人称・単数の mē self と二人称・単数の þē self ([θeː] > thee (汝に,汝を)) の場合,形容詞の self は 13 世紀の初めに名詞とみなされるようになった。その後,人称代名詞の mē と þē は無強勢であることによる弱化と,herself などとの類推によって,所有格とみなされ,それぞれ mī (> my) self, þī (> thy) self となった。14 世紀に入るとこの用法は複数形にも適用され,us selve(n), you selve(n) はそれぞれ所有格の our(e) self(e), your(e) selve(n) に置き換えられた。そして,15 世紀末頃に登場した -s 語尾を伴う ourselves, yourselves は次第に広まり,現在に至る。

三人称の場合,14 世紀の前半に,従来の him selve(n), þem [ðem] (= them) selve(n) と並んで,所有格の his selve(n), þeir [ðeir] (= their) selve(n) が用いられるようになり,これらの新しい形式は 15 世紀末頃には一般的となった。-s 語尾を伴う複数形の themselves は 1500 年頃に用いられるようになり,次第に一般化する。現代英語の herself の her は古英語の hiere が中英語で hire に変化した語形に由来するが,hiere と hire は現代英語の her と同様,所有格と目的格が同形なので区別がつかない。一方,現代英語の itself の場合,古英語の人称代名詞 hit の中性・対格 (accusative) の hit + self に由来する。

'anyone, everybody' に対応する oneself は,最初は my self などにならって one's self という形式であったが,itself, himself などの類推により oneself となった。*Oxford English Dictionary* によると,oneself の再帰用法の初例は 1548 年,強調用法の初例は 1621

年である。なお，oneself に対応する所有格は one's own である。

複合形の再帰用法の史的変化

　このように，現在の複合形は長期にわたる変化の結果として生じたことから，形式と用法が確立する以前の文献を見ると興味深い事実が観察できそうである。そこで，Mustanoja (1960) と Rissanen (1999) の記述を手がかりにして，古英語から今日までの再帰形の史的変化を概観してみたい。

　最初に，Mustanoja (1960: 153) によると，「古英語では再帰用法は一般に単純形によって表されたが，この原則は中英語にも引き継がれ，15世紀末まで優勢であった。ちなみに，単純形による再帰用法は今日でも見られることがある。なお，再帰代名詞を強めるために形容詞の self を代名詞の後ろに置く方法は古英語でも行われた。複合形の再帰用法は強意用法とほぼ同様の発達をしたが，古英語後期から初期中英語期にかけて与格形と対格形が融合したことにより，与格の複合形 himself, himselve(n), herself, herselve(n) の使用が促進された。一方，一人称と二人称の場合，与格形は myself, thyself, ourselves, yourselves という所有形へと発達した。」

　次に，Rissanen (1999: 256) によると，「古英語では人称代名詞の対格または与格形を再帰的に用いたが，これらの代名詞を強調する場合には代名詞に self を付加した。中英語期には人称代名詞と self の複合形が優勢になり，15世紀後半にはたいていの文献で単純形は少数となった。16世紀においても，単純形と複合形は依然として並存していて，語調 (eupnony) やリズムの都合によりいずれかを選択したようである。しかし，17世紀中に単純形はすたれてしまった。ちなみに，命令法の場合には単純形が最後まで維持されたが，これは命令法の動詞の後位置で主語代名詞

がごく普通に用いられたことによる。」

このように，MustanojaとRissanenの記述は中英語期における単純形と複合形の再帰用法の比率と単純形の消滅の時期に関して対立していることから，正確な事実の確認が必要となる。そこで，以下でこの確認を試みた。

チョーサー（Geoffrey Chaucer, 1340–1400）は中英語期を代表する詩人であり，彼の言語についてこれまで詳細な研究がなされているが，統語研究の代表的なKerkhof (1966) でも単純形と複合形の頻度に関する情報は得られない。彼の膨大な作品からこの種のデータを抽出するのは容易ではないからであろう。

そこで，今回チョーサーの最晩年の1400年頃に書かれた『マンデヴィル旅行記』から問題点の解決を試みた。最初に，(1a, b) のhemself 'themselves' とmyselfはそれぞれtheyとIを強調したものであるが，この文献ではこの種の複合形は比較的多く見かける。(1c) のbe hireselfは現代英語のby herselfと同じ形式であるが，この例文中のbyは「〜のそばに，近くに」という意味であることから，by herselfは「彼女のそばに」という意味を強調したものであろう。一方，(1d) は純然たる再帰用法であるが，この文献を読み進めてもこの種の例はなかなか見つからない。

(1) a. And therfore thei seyn *hemself* that thei seen with ii. eyen
'Anfd therefore they say themselves that they see with two eyes' (XXIII 157/19)

b. And treuly no more did I *myself* til I saugh it.
'And truly no more did I myself till I saw it.'

(XXIII 159/15)

c. And euerych of his wyfes hath also hire table be *hireself*.
'And every one of his wives has also her table by herself'

(XXIII 156/35)

  d. And faste by is yit the tree of eldre that Iudas henge *himself* vpon

    'And fast by is yet the tree of elder that Judas hanged himself upon' (XI 68/13)

　一方，(2a) の him, (2b) の hem (2例)，(2c) の him はいずれも再帰用法であり，現代英語ではそれぞれ himself, themselves, itself となるべきものである。この文献では，単純形の再帰用法の例は -self を伴う複合形よりはるかに多い。

(2) a. Seynt Peter hidde *him* whan he had forsaken oure lord.
    'Saint Peter hid himself when he had forsaken our Lord.'
               (XI 68/3)

  b. For thei wil first schryuen *hem* and marken *hem* with the tokene of the holy cros
    'For they will first shrive themselves and mark themselves with the token of the holy cross' (XXXI 204/8-9)

  c. in tokene of the myracle that the water withdrowgh *him* so.
    'in token of the miracle that the water withdrew itself so.' (XII 76/9)

　正確なデータを得るための作業中に Meer (1929: 84) の記述に気付いた。彼は単純形と複合形の比率は 5 対 1 であると記していて，この比率は私が得たものと一致した。それゆえ，この文献に関する限り，Mustanoja の記述が正しく，Rissanen は間違っていることになる。

　1590-1610 年頃に活躍したシェイクスピアの作品，および

1611年に完成した『欽定訳聖書』にも単純形の再帰用法はかなり多く用いられているようである（大塚 (1951, 1976)）。そこで，シェイクスピアの言語研究では最も詳細な Franz (1939) の記述を手がかりにして，16世紀末から17世紀初頭の再帰代名詞の形式と用法を調べてみた。

Franz (1939: §307) によると，シェイクスピアの作品中では複合形と並んで単純形も依然として多く用いられているが，ほとんど散文体で書かれている『ウィンザーの陽気な女房たち』(*Merry Wives of Windsor*) の場合，両者の比率は25対5であり，『マンデヴィル旅行記』の場合と正反対の比率を示す。

Meer と Franz の記述から，約1400〜1600年の間に単純形が激減したのに対し，複合形は急増したことになる。韻文ではリズムの都合により複合形の頻度が若干高くなり，また，動詞の種類によって単純形と複合形の選択に差異が生じるようであるが，複合形は初期近代英語期に優勢になったことは確かである。Rissanen の指摘どおり，単純形が17世紀中に廃用となったかどうかの確認は今後の課題としたい。

まとめ

形容詞の self は最初，先行する人称代名詞を強調するために添えられたが，両者が複合すると，形式上の制約が強まり，さらに本来の単純形よりも好まれ，ついには単純形を廃用に近い状態にまで追いやることになる。複合形が単純形を凌ぐに至るこの過程は英語の史的変化として興味深いものとなっている。

第4章

文と語順の話

1 等位表現と語順

はじめに

　初夢に見ると縁起がよいとされるものといえば、「一富士，二鷹，三茄子(なすび)」であろう。もっとも，この慣用句の解釈には異説が多く，初夢の縁起物の順番のほかにも，徳川家康ゆかりの駿河の国の名物を列挙したもの，家康が特に好んだものを並べたもの，などがある。さらには，「三茄子」の後に「四扇(せん)，五煙草(たばこ)，六座頭(ざとう)」と続ける場合もあるらしい（『成語大辞苑』(1995: 101-102)）。いずれにせよ，この句を構成している語の順番が固定していることに変わりはない。

　それでは，「地震，雷，火事，親父」はどうであろうか。この句は昔から特に怖いものを順に並べたものとして知られている。地震大国の日本では，最も恐ろしいのは「地震」であろう。「雷」と「火事」が続くのも納得がいく。それでは四番目の「親父」はどうであろうか。確かに，かつては父親は一家の大黒柱として相応の重みも権威もあったであろうが，社会情勢が大きく変化するにつれてその威厳は薄れてきた。少なくとも，地震・雷・火事に次ぐような怖いものの象徴ではなくなったのは確かであろう。ちなみに，1923年の関東大震災の直後に，「地震，雷，火事，親父」をもじって「地震，憲兵，火事，巡査」といった人がいるそうである。「雷」と「親父」に代わって「憲兵」と「巡査」が登場しているのは当時の世相を反映していて興味深い（『成語大辞苑』(1995: 526)）。そういえば，小さい頃何度か耳にした「雷親父」や「頑固親父」と呼ばれる人を最近耳にすることはめったにない。

等位表現と語順

　このように，成句や慣用句の中には時代や社会情勢によって変

わるものもあるが，長い間固定している表現も珍しくない。たとえば，「天と地」,「塩と砂糖」,「紙と鉛筆」,「生か死か」,「是か非か」,「白か黒か」のような「AとB」または「AかB」という形式の慣用句の場合，語の順序は簡単に変えられないものが多いように思われる。

　構成素の順番が固定していると感じられる句は (1) のように日本語に限らず英語にもたくさんあり，日本語とまったく同じ形式で表されている。こういう表現は等位句 (coordinate phrase) と呼ばれ，さまざまな言語で頻繁に用いられているので，このような句を構成している二つの語の順番がどのような原則に基づいているのか探ってみたい。

(1) heaven and earth (天と地), to and fro (あっちこっち), *Sons and Lovers* (『息子と恋人』)［小説の題名］, "Trick or treat!" (ご馳走してくれないといたずらするぞ！)［ハロウィーンの時に子供が用いる文句］, rain or shine (降っても照っても), right or wrong (よかれあしかれ)

等位句の形式

　最初に，等位句の形式に関する問題点を指摘しておきたい。「天地」,「生死」,「是非」,「白黒」,「寒暖」,「善悪」のように，等位句を構成する語が対照的な意味を表す場合，日本語では接続詞の「と」または「か」がなくても成立し，しかもこのような例はかなり多い。ところが，接続詞を伴わない (2) のような例は英語にはそれほど多くない。これらを等位句に含める学者がいるが (Ross (1982))，willy-nylly は意味的に対照的な構成素から成るものの，他の2例では構成素は互いに対等な関係にあるとはいえず，接続詞の脱落または省略の結果として生じた句でもなく，複合語の可

能性もあることから，等位句に含めると問題が残る。

(2)　criss-cross（十字架）[＜ Christ's cross（キリストの十字架）], mumbo-jumbo（呪文の一種），willy-nylly [＜ will I, nill（＝ won't) I]（いやおうなしに）

ちなみに，bread and butter（バターをぬったパン）の場合，and は弱化して [n] となり，句全体は [brèdnbʌ́tə(r)] と発音されるが，and は書記上も音声上も完全には脱落してはいない。それゆえ，英語の等位表現を分析する場合，たとえば「二つの構成素が接続詞で結ばれているもの」に対象を限定するなど，等位表現の定義を明確にしておく必要があろう。

等位句の構成素の配列

次に，等位句を構成する語の配列上の原則について探ってみよう。最初に「天と地」，「金と銀」，「父と母」，「生と死」などの例を見ると，二つの構成素は社会通念から判断して，より優れている，より好ましい，あるいは理にかなっていると思われる順番に配置されると推測できる。なぜなら，英語にも日本語とまったく同じ意味を表す等位句があり，heaven and earth, gold and silver, father and mother, life and death のように語の配列の順序もぴったり一致するからである。

今度は，「塩と砂糖」，「紙と鉛筆」，「義理と人情」，bows and arrows（弓矢），fish and chips（フィッシュ・アンド・チップス [食べ物の名称]），free and easy（のんきな）のような等位句はどうであろうか。このような句では，構成素の意味上の優劣以外の要因が語順に関与していると思われる。

日本語の等位句と語順の原則

　そこで,この疑問を解くための手がかりを得るために,上記の日本語の3例を仮名で表記してみる。すると,「しお」と「さとう」,「かみ」と「えんぴつ」,「ぎり」と「にんじょう」となり,いずれの場合も短い語が先にきて,長い語は後に置かれていることがわかる。日本語の場合,個々の文字は「モーラ(＝拍)」と呼ばれる長さの単位に対応していることから,「しお」は2モーラ,「さとう」は3モーラというように,語の長さは容易に数えることができる。それで,日本語の等位句のうち,構成素の意味上の優劣が語順の決定要因となっていない場合,モーラの数が構成素の配列を決定する,すなわち,モーラの数の少ないほうが先に配置されるという原則がありそうである。

英語の等位句と語順の原則

　それでは,モーラ言語ではない英語の等位句の場合はどのように考えればよいのであろうか。bows and arrows や free and easy のような例では,音節の数の少ないほうが最初の位置を占めているが,fish and chips のように一音節語同士が等位句を構成する例があることから,モーラはもとより音節の数も語順の決め手にはならないようである。ちなみに,二つの一音節語によって形成される等位句の例は,ほかにも head and front (中心人物), odds and ends (がらくた,雑用), safe and sound (無事に) など,たくさんある。このような例では,語末の子音の数は二番目の語のほうが多いことから,構成素の音節数が同じ場合,語末の子音の数が語順を決定する,言い換えると,構成素の他の条件が同じ等位句では,音量 (sound quantity) の差が語順の決定に関わる可能性が高いように思われる。

　そこで,今度は kith and kin (親戚一同), push and pull (＝push-pull)（押しても引いても動く），safe and sane（無事に）のように，構成素の音節数も語末の子音の数も同一となる例を取り上げてみよう。これらの例では音量が等しいことから，音量以外の特徴が語順の決定に関与している可能性があるので，これらの構成素の音質（sound quality）に着目してみたい。すると，これらの句を構成する2語の末尾では，[θ] と [n]，[ʃ] と [l]，[f] と [n] が対立していることから，摩擦音（fricative）の [θ, ʃ, f] と鼻音（nasal）または流音（liquid）の [n, l] の違い，詳しく言うと，語末の子音の「騒音」（noise）の程度が高いほうが先にくることがわかる。

次に，ooh and aah（[úː ənd áː]）（驚きの声をあげる），（接続詞のない例も対象にすると）ping-pong [píŋpɑŋ]（ピンポン，卓球）のように，二つの語が母音以外はまったく同一である例では，母音の音質の違い，具体的には，舌の位置の高低差か，それとも criss-cross [krískrɔːs]（十文字）のように，音量の違いが語順の決め手となる。すなわち，舌の位置の高いほうと音量の少ないほうが先にくると考えられる。以上のような原則には例外もあるが，全体として，音量や音質の違いが等位表現の語順を決定していることは明らかである。

古英語の等位句と語順

今から千年以上も前の古英語にも等位表現が多く用いられていて，興味深い事実が知られているので，ここで紹介しておきたい。最初に，社会通念上好ましい，または当然であると考えられる順序が構成素の間に認められる場合には，(3) のようにより優位にある語が最初の位置を占める。この場合，三番目の例から判断すると，音量の差は有意な条件とはなっていない。このよう特徴は現代英語や日本語の場合と同様である。

(3) fæder and sunu 'father and son', dæges and nihtes 'day and night', heofonas and eorðan 'heaven and earth'

　一方，意味上の優劣がないか，あったとしてもそれほど明確ではない音節数の異なる2語から成る (4) のような例は古英語では最も多いが，このような場合，音節数の多いほうが二番目の位置を占める。この特徴も日本語と現代英語に似ている。

(4) oft and gelōme 'often and frequently', lof and wuldor 'praise and glory', fēt and honda 'feet and hands'

　一方，音量が同じ wīde and sīde 'far and wide' や mǣle ond sǣle 'time and occasion' のような例も少なくないが，これらは語頭の子音の騒音性の低いほうが先にくると考えられる。

まとめ

　古英語の等位表現も日本語や現代英語の場合と同様の原則が関与している。それゆえ，対等と思われる2語をあえて一定の順序に配列する場合，特定の言語や時代を超えた普遍的な原則に従うようである。

2　非人称構文

はじめに

　「雨が降っている」は英語で It is raining となる。Rain is falling ともいうが，それほど一般的ではない。「雪が降っている」も同様に，一般的には It is snowing となる。その他，It's very fine today (今日はとても天気がいい)，It's far from here (ここからだと遠いよ)，It is nine o'clock (9時だ) のように，天候・季節・明暗などの

自然現象，および距離や時間・期間などを表す文では it が主語として用いられる。このような it は特に何かを指すことなく，形式的に主語として機能しているにすぎず，動詞は常に 3 人称・単数形が対応することから，「非人称の 'it'」(impersonal *it*) と呼ばれている。ここでは，日本語ではありえない形式主語をとる構文について史的観点から考察してみたい。

非人称の 'it' と予備の 'it'

最初に，(1) のような文で用いられている it はどうであろうか。これらの it は (1a) では that 節を，(1b) では to 不定詞を，(1c) では動名詞をそれぞれ指している。このような it は，特に何かを指し示すことのない「非人称の 'it'」とは明らかに性質が異なっていることから，「予備の 'it'」(preparatory *it*) と呼ばれ，両者は区別されている (Crystal (2008: 28))。

(1) a. It seems that he has married Hanako quite recently.
   (彼はつい最近，花子と結婚したらしい)
  b. It's very kind of you to help me.
   (ご親切に助けてくださりありがとうございます)
  c. It is no use crying over spilt milk.
   (こぼれたミルクを嘆いてもむだである) [⇒ (諺)「後悔先に立たず」]

しかし，(1) の it はいずれも古くから主語として用いられたわけではなく，また，後続の節や不定詞などを指してはいなかったが，さまざまな言語変化を経た結果，主語の機能を果たし，後続の語句を指し示すようになった (中尾 (1972: 297-305, 311))。本書では通時的観点から言語現象を分析するのを目的としていることから，ここでは (1) のような it も「非人称の 'it'」に含めて話を

日本語に非人称構文は存在するか

英語の it に対応する日本語の代名詞「それ」は必ず何かを指し示すことから,「あれ」,「これ」,「どれ」と同様,指示代名詞と呼ばれる。したがって,It's warm という文を「それは暖かい」と訳す場合,「それ」は何を指すかが関係者の間で了解されている必要がある。一方,この文が天気を表しているのであれば,it をそのまま日本語の「それ」に置き換えてはならない。そもそも,日本語には非人称構文も形式主語も存在しないので,季節・天候・時間・距離などを表す文では「夏だ」,「寒い」,「もう遅い」,「近い」のように主語は明記されないのである。

ドイツ語の非人称構文

それでは,日本語ではなくてすむ主語を英語ではなぜ表記せねばならないのか。この疑問は,英語のみならず他の言語の場合にも生じてくることから,他言語の例として,英語とは従兄弟のような関係にあるドイツ語を取り上げて考えてみよう。ドイツ語にも英語の非人称構文に似たものがあり,it に相当する es が形式主語となり,三人称・単数形の動詞が対応する。ドイツ語の非人称構文は (2a-c) のような天候や気象などを表す場合が最も多いが,(2d, e) のように肉体的・心理的な現象にも用いられる。

(2) a. Es regnet heute. （今日は雨だ）
    b. Es schneit. （雪が降っている）
    c. Es wird kalt. （寒くなる）
    d. Es hungert mich. （おなかがすいた）
    e. Es schwindelt mir. （めまいがする）

ドイツ語の非人称構文が英語の場合と異なるのは，(3a, b) のように，es が定形動詞の後に生じ，しかもこのような es は省略される場合があることである。すなわち，自然現象に用いられる es は定形動詞との位置関係を問わず省略されることはないが，述語となっている名詞が曜日や日付を表していて，その他にも日にちを表す語が同じ文中にある場合には，es は (3c, d) のように省略されることがある（橋本 (2006: 401-402)）。

(3) a. Heute ist es warm. （今日は暖かい）
　　 b. Bald wird es Winter. （間もなく冬になる）
　　 c. Heute ist Montag. （今日は月曜日だ）
　　 d. Ist morgen dein Geburtstag? （明日は君の誕生日か？）

非人称構文の史的発達

　ちなみに，(3c) の「今日は月曜日だ」は英語では It's Monday today と Today is Monday の二とおりに表現できるが，後者はドイツ語のような it の省略とはみなされない。さらに言えば，today は古英語の前置詞句 tō dæg 'on this very day' に由来し，形容詞的または副詞的用法として用いられた。この句が接語化 (cliticization) によって today となり，'this day' という意味を表す名詞として用いられるまで，tonight (< OE tō niht 'on the night following this day') や tomorrow (< OE tō morgenne 'day of morrow') も同様，主語にはなりえなかった。それゆえ，この種の語を含む文において主語を表す必要がある場合，形式主語の it が用いられたが，この it でさえ古くから形式主語として用いられたわけではない。このように，非人称構文について考察するにはどうしても時代をさかのぼる必要がある。

　そこで，befall, happen, seem など，現代英語の典型的な非人称

動詞 (impersonal verb) を取り上げ,通時的観点から考察してみよう。これらの動詞の多くは古英語や中英語までさかのぼれる。

最初に,古英語の場合,これらの非人称動詞に先行する位置では,(4a) の *ǣlcum menn* や (4b) の *Hine* のように,代名詞の与格または対格が多く用いられ,主語が生じることは一般的ではなかった。

(4) a. *ǣlcum menn* þūhte 'to each one seemed'
       (すべての人に思えた)
   b. *Hine* nānes þinges ne lyste.
       'Him of no thing not pleased. (⇒ Nothing pleased him.)'
       (彼の気に入るものは何もなかった)

与格や対格の代名詞を非人称動詞の前に置いた (4) のような非人称構文は,(5a) や (5b) のように中英語でも用いられた。しかし,その後,it を形式主語にした (5c) や (5d) のような文が一般的となった。動詞に先行する位置は主語の領域,動詞の後は目的語や補語の領域とみなす傾向が中英語期中に強まっていった。その結果,非人称構文の場合も動詞に先行する代名詞の与格や対格は主語とみなされ,主格に置き換えられたと思われる。

(5) a. He may not do al as *hym* liketh.
       'He cannot do all as he pleases.'
       (すべてが彼の思いどおりというわけではない)
   b. *Hir* semed to have lyved in languor.
       'To her seemed to have lived in distress. (⇒ She seemed to have lived in distress)'
       (彼女はひどい生活をしていたようだった)

c. if *it* lyked me 'if it pleased me'
　　　　(私が望めば)

　　d. *It* semed that alle the rokkes were aweye.
　　　　'It seemed that all the rocks were away.'
　　　　(すべての岩はなくなっていたようだった)

　このように，現代英語ではどの文でも主語は明記されるようになったが，methinks [mɪθíŋks] や meseems [mɪsíːmz] (いずれも「(私には)〜と思われる」)のように，形式主語が用いられなかった頃の名残として，与格の代名詞が非人称動詞の前にきた状態で両者が複合して一語になっているものが現存している。

　一方，(6a) の follows, (6b) の regards, (6c) の is はいずれも従属節に生じているが，それぞれ複数形の follow, regard, are に置き換えることができないことから，主語が明示されていない非人称動詞とみなすことができる。一方，please より丁寧であるとみなされている (6d) の場合，you はもともと主格ではなく与格であり，if it please you の意味で用いられた。

　(6) a. The examples are as follows.
　　　　　(例は以下のとおり)

　　b. You are not right as regards that.
　　　　(それについてはあなたは正しくない)

　　c. as is often the case (よくあることだが)

　　d. if you please (どうぞ，よろしければ)

　一方，today, tomorrow, tonight は最近では名詞として用いられ，Today is the first of January (今日は1月の1日です) や Tomorrow will be fine (明日は晴れるだろう) のように，文の主語になることもある。しかし，これらの語は，すでに述べたとおり，本来は to day, to morrow, to night という前置詞句であり，today, tomorrow, tonight という複合語になっても副詞として用いられていた。そのために，たとえば today は 16 世紀半ばから名詞としても用いられているが，それ以前は，Today is rainy（今日は雨です）という文では，today は副詞であり，したがって，主語にはなれず，is は非人称動詞であった。ちなみに，tomorrow は 14 世紀末に，tonight は 14 世紀初頭にそれぞれ名詞としても用いられるようになった（Onions (1966: 928, 930)）。

まとめ

　日本語に存在しない英語の特性を日本人が理解しにくいと感じるのは当然である。しかし，英語を母語とする者であっても，英語に生じる現象をすべて説明できるとは限らない。非人称構文の形式主語の it や存在文の there はその典型であり，歴史をさかのぼることなくこれらが主語となっている理由を説明するのは困難である。

3　比較表現

はじめに

　大学生に more than one という比較表現を訳させると，ほとんどが「1 以上」と答えるが，正しくは「2 以上」である。同様に，less than two は「2 以下」と訳すると間違いで，「1 以下」と答えねばならない。それでは，「1 以上」は英語ではどうなるのであろうか。正解は one or more than one である。ついでに，「1 以下」は英語では one or less than one となる。このように，「〜以上」または「〜以下」と than の関係がややこしいのは，日本語の「以上，以下」と英語の than の使い方の相違にありそうである。ここで

はこの点に焦点を絞って考えてみたい。

日本語と中国語の「以上，以下」

　日本語の場合，基準となる数量より多いか少ないか（程度や段階の場合には上か下）を「以上」と「以下」を用いて表すと，一般にはその数量が含まれるが，含まれない場合があると，問題が生じる。そのために，数学や法律など，厳密な区別が要求される分野では，たとえば，定められた基準よりも数量等が少ない場合には「未満」と記される。

　「以上，以下」は中国から借りた表現であることから，中国人の言語学者に両者の用法について尋ねたところ，中国語でもこれらの使い方に混乱が見られるようで，その証拠となる書類を見せてくれた。それによると，たとえば，ある文書では「400元以下（不含400元）」，「1200元以上（含1200元）」というように，「以下」は基準となる数量を含まないのに，「以上」では含めることを括弧付きで示している。ところが，別の文書を見ると，「60歳以下（含60歳）」，「18歳以下（含18歳）」のように，「以下」は基準となる数量を含めることを括弧で示している。なお，日本語の「未満」に相当する中国語は「不満」であり，この語は「満足していないこと」も意味する。

　もう一つ，「彼は私より賢い」のような比較表現の場合，中国語では「比」が用いられ，曖昧さは生じないようである。この「比」は英語のthanに対応すると考えられる。ここでは中国語には深入りせず，日英の比較表現に焦点を絞りたい。

英語のthanと日本語の「より」

　今度は英語のthanを取り上げ，日本語の比較表現と対照させてみよう。形容詞・副詞の比較級のあとに用いられるthanは手

元の辞典では「... より（も, は), ... に比べて」と記されている。そこで,「より」という助詞を用いると, more than one は「1 より多い」, less than two は「2 より少ない」となり, 英語とうまく対応する。

このように, 日本語の助詞「より」は比較の「基準」を示す語に付加されるが,「基準」そのものを含むことはない。ちなみに,「より充実した人生」のような例の「より」は副詞であり, 比較の規準を示さずに, 現状と比べて程度が上か下であることを表す。

英語の than と日本語の「より」は比較の規準を含まないことが明らかになったので, 両者を不等号 ＞ で表すと, A is more than one は A ＞ one となる。一方, 等号を含んだ ≧（または ≦）を用いると, A is one or more than one は A ≧ one となる。日本語には「より」と「以上」（または「以下」）の二とおりの比較表現があることから, 前者の英文は「A は 1 より大きい」, 後者は「A は 1 以上」となり, 日本語の比較表現のほうが簡潔で明確であるといえる。同様に, A is less than one は A ＜ one, A is one or less than one は A ≦ one となる。この場合も, 前者は「A は 1 より少ない」, 後者は「A は 1 以下」となり, 日本語のほうが簡潔でわかりやすい。

今度は「花子は和子よりきれいだ」という日本語の比較表現と, これに対応する英語の Hanako is more beautiful than Kazuko とを比べてみよう。先ほどの説明に従うと,「より」は than に対応することから, いずれの文も A ＞ B という形式で表せるはずである。

そこで, 不等号を用いて「花子は和子よりきれいだ」を書き換えると,「花子はきれいだ ＞ 和子はきれいだ」となる。同様に, Hanako is more beautiful than Kazuko は Hanako is beautiful ＞ Kazuko is beautiful となる。すると, 日本語は「より」だけで比較が表せるのに対して, 英語は than に加えて more（または形容詞に

付加される比較語尾）が必要であることから，「より」に対応するのは more/less（または形容詞の比較語尾）... than であることになる。

英語の than の用法と品詞の違い

　日本語の「より」に対応する英語の比較表現は「形容詞または副詞の比較級 + than」であると中学校で教わり，そのとおり受け入れてきた。しかし，英語ではなぜ than だけで比較が表せないのかという疑問を抱くと，立ち止まって考えざるをえない。

　そこで，この than について少し掘り下げて考えてみたい。最初に，Hanako is beautiful ＞ Kazuko is beautiful の例に戻り，不等号の代わりに than を用い，さらに比較を表す副詞 more を加えて書き換えると，Hanako is more beautiful than Kazuko is beautiful となる。しかし，I like cheese more than you do のような場合は別として，一般には比較の対象となる文の述部は省略され，Hanako is more beautiful than Kazuko となる。

　問題の所在をより明確にするために，Kazuko を代名詞に変えて Hanako is more beautiful than she としてみよう。この場合，she は Hanako とは別人であることは当然の理屈である。もっとも，口語では she よりも her が好まれることから，Hanako is more beautiful than her がごく普通に用いられている比較表現となる。

　ところが，英語の文法に従うと，Hanako is more beautiful than she では，than は接続詞であるが，than her となると，than は理屈の上では前置詞とみなされる。なぜなら，前置詞の than は among us, between them, with me などの場合と同様，人称代名詞 she の主格ではなく目的格の her を目的語とするが，接続詞の場合にはこのような制約は加わらないからである。

英語の than をさかのぼる

このように述べると,英語史や語源に詳しい人なら史的観点から明らかにしたくなる事実がある。すなわち,古英語までさかのぼると,現代英語の接続詞または前置詞の than と副詞の then に対応するのは þonne (または þon) であり,この語には副詞か接続詞の用法は知られているが,前置詞としての用法はなかった。

そこで,古英語の比較構文を調べてみると,たとえば,(1) では下線部の þonne の後に ic sceolde という文がきていることから,þonne は明らかに接続詞である。

(1) þǣr ic worda gespræc // mīnra for meotude / mā þonne ic sceolde? // 'where did I utter more of my words before the lord than I should?' (*Andreas* 923b-4b)

ところが,(2) の場合,þonne の後には þīn sylfes bearn という名詞句がきている。この句の主要語 (head) の bearn は中性名詞であるが,中性名詞の場合,主格と対格は単数・複数いずれも無語尾となり,与格は単数が -e で,複数は -um で終わる。しかし,(2) の例の bearn は無語尾であるため,語形から主格か対格かの判断はできない。意味上は þē 'to you' と対比されていることから,主格ではないが,それ以上正確なことは言えない。そうなると,þonne は接続詞か前置詞かの区別はできない。

(2) þæt þē wæs lēofra his // sibb and hyldo / þonne þīn sylfes bearn.
    'because his friendship and favour were dearer to you than your own son' (*Genesis A* 2921b-2b)

一方,(3) の名詞句 þēos līf-cearo 'this wretched life' の場合,līf-cearo は女性名詞であり,この語を修飾する指示代名詞 þēos と共

に主格であることから，þonne は接続詞であり，主語 þēos līf-cearo に対応する述部が省略されたとみなせる。

(3) Is mē feorh-gedāl // lēofre mycle / þonne þēos līf-cearo!
'Death is much more preferable to me than this wretched life!' (*Andreas* 1427b–8b)

仮に上で述べたことが事実だとすると，I like tea more than coffee のように，動詞の目的語を比較の対象とする文の than は前置詞とみなされる。したがって，þonne に前置詞用法が存在しない古英語の場合，この種の比較は表せないことになる。これまでの調査では，動詞の目的語を比較の対象とする古英語の例は確認できていない。

しかし，総合的（synthetic）と呼ばれる言語特徴が顕著な古英語の場合，(4a) のように þonne を用いなくても比較が表せる手段があった。すなわち，男性名詞 fugel 'fowl, bird' の複数・与格形の fuglum は形容詞 fram 'bold, active' の比較級・男性・主格形 framra の補語となっていて，この補語の与格語尾 -um は þonne の機能も果たしているのである。ちなみに，分析的特徴が強い現代英語の場合，形容詞の補語は前置詞句であるが，総合的言語である古英語では，形容詞の補語となるのは，(4b) のような前置詞句よりも，(4ci) のような名詞（句）の与格または (2cii) のような属格形のほうが多い。なお，(4a) は古英語の『謎詩』の例であるが，(4b, c) は古英詩『不死鳥』（*Phoenix*）からの引用である。

(4) a. Swift wæs on fōre, // fuglum framra; / '(It) was swift in its journey, stronger than birds' (*Riddles* 51. 3b–4a)
   b. beald in brēostum 'strong in mind' (458a), forht on ferþþe 'fearful in (his) heart' (504a), wlitige in wuldre

'beautiful in glory' (598a)

- c. i. meahtum spēdig 'rich in power' (10a), ge-frēogum glēawe 'wise in knowledge' (29b), feþrum strong 'strong in wings' (86a)
  ii. þonces glēaw 'wise in thought' (144a), sīþes fūs 'ready for flight' (208a), geofona ful 'full of gifts' (267a)

　古英語では，þon(ne) は接続詞 'when' とこれに対応する副詞 'then' 以外に，これらの用法・意味とかなりかけ離れた接続詞 'than' としても用いられていることから，þon(ne) は古英語では語形上未分化であることがわかる。さらに，(4a) のように，þonne を用いずに，形容詞の補語を与格形に変え，比較の対象としている例が存在するということから判断すると，(1) のような 'than' を用いた比較構文より，(4a) のような与格を用いた構文のほうが歴史的に古いとみなせる。事実，古英詩よりはるかに古いラテン語では，than に相当する語を用いず，形容詞の補語を格変化させて比較の対象とすることがあるので，次にラテン語を引き合いに出して考察してみたい。

ラテン語の比較構文

　そこで，今度は (5) のラテン語の比較構文について検討してみよう。(5ai) の Sextō と (5bi) の flōre は共に「比較の奪格」と呼ばれる奪格 (ablative) となっているが，「～より」という比較の対象はこの格語尾によって示される。この奪格は比較の対象が主格か対格の場合にしか用いられない。一方，(5aii) と (5bii) では英語の than に相当する quam が用いられているが，この場合，比較される二つの語の格が同一であればよい（松平・国原 (1969:

127-128))。

- (5) a. i. Quīntus doctor est Sextō.
    ii. Quīntus doctor est quam Sextus.
      'Qintus is more learned than Sextus.'
  b. i. Filiam habet pulchriōrem flōre.
    ii. Filiam habet pulchriōrem quam flōrem.
      'He has a daughter more beautiful than flowers.'

まとめ

　英語の than に相当する日本語は「より」であり，比較の対象とは重ならない。この点で「以下，以上」とは決定的に異なる。英語をさかのぼると，than と then が未分化であることがわかる。さらにさかのぼると，than を用いた分析的な比較表現は格語尾による総合的な比較表現に辿りつけることがわかる。古英語にはこの最も古いと思われる比較表現が残っている。

第 5 章

命名の話

1　地名と人名をさかのぼる

はじめに

　大阪から寝台列車に揺られて，目が醒めたところは雪国ならぬ火の国熊本であった。以来10年間この地で暮らすことになったが，気候・風土・習慣など，生まれ育った場所とかなり異なる土地での生活は戸惑いと驚きに満ちていた。とりわけ，言葉と地名は新鮮で興味深く，この地を離れてからも深く心に刻まれている。それゆえ，この節は懐かしい思い出の記でもある。

熊本弁あれこれ

　接続助詞の「ばってん」は文句なしに熊本弁の代表格であろうが，「かぼちゃ」を「ボーフラ」,「へび」を「クチナワ」,「減らす」を「減す」などと言うのは驚きであった。「かぼちゃ」はカンボジアから渡来したのでこのように呼ばれていると聞いていたが，「ボーフラ」は少なくとも私の頭の中では蚊の幼虫以外にはありえなかった。そこで，辞典で調べてみたところ，ポルトガル語で「瓜」を意味するabóboraに由来することがわかった。それゆえ，国名にちなむ「かぼちゃ」より，「瓜」を表す「ボーフラ」という呼び名のほうが本質に近いことになる。

　一方，「クチナワ」は高校生の時に読んだ古文の教科書に出てきた「朽縄（くちなわ）」という語と同じであった。以来，10年ほど忘れていた語が突然出現し，しかも千年もの時を経てもなお使われていることは驚き以外の何物でもなかった。その後，方言辞典をときおり引くようになってから，この種の驚きは倍増した。「ボーフラ」は「ボーブラ」,「ボーフリ」,「ボービラ」など実に多くの異形があり，また「クチナワ」も同様に「クチナ」,「クツナ」などとも呼ばれ，全国各地で用いられていることがわかった。

その後,「減す」は熊本を含め,九州ではまったく使われないが,中国・四国の一部で使用されていることが判明した(『日本方言辞典』(2004: 1150))。それで,私がたまたま耳にした「へす」というのは,熊本弁ではなく,中国か四国出身の人が用いていたお国なまりの一部だったのであろう。

熊本の地名探訪

　熊本の地名も興味深かった。そもそもなぜ「熊本」なのかが疑問であった。14世紀末頃の文書では「隈本」と記されていて,「熊本」になるのは400年ほど前のことらしい(『国史大辞典(第4巻)』(1984: 880))。県南部を流れる九州第二の大河「球磨川(くまがわ)」も「くま」である。「球磨」は古くは「球麻」であったらしい。したがって,今日の「熊本」という漢字表記は本来の意味を表しているとは思えない。全国各地の「クマ」と名のつく地名は,曲がりくねったところ,奥まったところ,暗く陰になっているところ,などの意味に由来するようである。それゆえ,「隈本」や「球磨」の「クマ」はそのような地形にちなむと考えられる(『古代地名語源辞典』(1981: 129))。

　熊本大学の近くに「子飼」という商店街があり,新鮮な野菜・果物・魚介類が安く手に入ったことから,よく買物に行った。それでも,「子を飼う」と読める「子飼」の意味は理解できなかった。熊本在住中は特に調べてみることはなかったが,のちに,肥後の国に「蚕養(こかひ),子養(こかひ)」という郷があったことを知った。伝説ではその地で長者が蚕を飼っていたらしい。しかし,「こ」は接頭辞であり,「かひ」は「かけ(欠)」が転じたもので,「崖」を表す。それゆえ,「こかひ」は小さな崖の意味だと思われる。「子飼」は,すぐそばを流れる白川の岸辺から見れば,確かに小さな崖が続いている所に位置している。この「こかひ」がいつの頃からか「子飼」

と表記されるようになったと考えられる。

　熊本大学の本拠地は黒髪と呼ばれるかなり広い地域の一角にあり，学生寮や教職員の宿舎もそのはずれにある。当時は「黒髪」の地名になんら違和感がなかったが，最近は地名を字義どおり受入れられなくなっているので，少し考えてみた。「くろ」は「畔（くろ）」の意味であるとすると，「小高いところ」であり，「転，巡」を表す場合，「川が湾曲したところにある瀬」となる。「髪」は「髪の毛」ということからも明らかなとおり，「頭髪」を意味し，「髪（かみ）」は「上（かみ）」のことである。それで，「くろかみ」は「上にある小高いところ」を意味すると考えられる。事実，熊本市内を縦断する白川の川辺から見ると，「黒髪」一帯は「立田山」と呼ばれる小高い丘の山裾に広がる区域である。

　この黒髪のはずれの立田山の麓に学生寮があり，その上に「小磧（おぜき）宿舎」という名の職員住宅がある。ここにしばらく住んでいたが，この名前の由来までは考えたことはなかった。しかし，パソコンを使うようになって，この「磧（せき）」という字が仮名で変換できないことから，漢和辞典で調べてみたことがある。「磧」は「水際の石の多いところ」と記されている。確かに，この宿舎は川岸の岩が崩れ落ちる崖の中腹にある。たぶん，古い時代に付けられた地名なのであろう。

　熊本市内だけに限っても，その他に「神水（くわみず）」や「健軍（けんぐん）」など，時を経るうちに音も表記も変わってしまい，元の意味がたどりにくくなっている地名はかなりあるが，紙面の都合で熊本を離れ，海外に目を向けることにしよう。

イギリスの地名

　ロンドンで暮らしていた頃，研究の合間に名所旧跡を訪ね歩いた結果，最も住みたいと感じたところはバースという町であった。

ここはかつてローマ軍が駐屯していた古い温泉町で，風光明媚なところとして知られている。ここの地名 Bath は普通名詞の bath となり，「入浴，浴室，ふろ」の意味でよく用いられる。この bath から，bathhouse（脱衣所），bathroom（浴室），bath towel（バスタオル）などの 40 近い複合語や句，および bathe（入浴する）という動詞が作られた。もっとも，bath という語そのものが地名の一部となっている例は多くないことから，イギリスには温泉が各地に点在していないのであろう。英語の bath に対応するドイツ語の Baden は地名としても用いられていて，Baden のみならず，Baden-Baden（バーデン・バーデン），Wiesbaden（ヴィースバーデン）などのように複合した地名もある。

　日本は各地に温泉がたくさんあることから，「温泉」という名を冠した市町村が多くあるように思われるが，実際にはそれほどでもない。この理由は，「オンセン」という読み方そのものが近年のものであり，かつては「温泉，湯泉，由宇」などと書いて，「ゆ」と読ませていたからである。「湯野浜」，「湯河原」，「湯田」，「湯ヶ島」，「湯沢」のように，温泉町の多くが「湯」で始まるのはそのためである。もっとも，温泉といっても水温の低い場合も多く，また，「湯」には「水」の意味も含まれていたことから，湯島天神で名高い「湯島」の「湯」は「水」を意味する可能性もある。

イギリスの地名の語源

　イギリスに行かなくても，地図を広げると -chester（～チェスター），-caster（～カスター），-cester（～セスター），-ceter（～セター），-eter（～エター）のつく地名や行政区域の名前が多いことに気がつく。これらはいずれも紀元 1 世紀後半から 300 年以上にわたって駐屯していたローマ人の砦があった所である。「要塞」や「砦」を表すラテン語は castra であったことから，ローマ軍がいた

地域はこの語をつけて呼ばれるようになった。たとえば, Chester (チェスター) は castra の音と語形が徐々に変化した結果である。一方, Lancaster (ランカスター) [Lune「ルネ」川のほとりの砦], Worcester (ウスター) [Wigor「ウィゴル川流域の住民」たちの砦], Winchester (ウィンチェスター) [Win- は古英語の Wintan- に由来するが, 語源には諸説がある] などは, ローマ軍の「砦」があった場所の近くの川や住民を表す語が castra に付加され, その後, 発音と綴りが徐々に変化してできたものである。一般に, イギリスの北部や北西部の地名は [k] の音を維持した「カスター」で終わるが, 南に行くと, [k] が [s] や [tʃ] に変化したものが多くなる。

ローマ軍の「要塞」ではなく, イギリス人やゲルマン人が築いた「城, 砦, 要塞」があった所は, 現在では語尾に -burg, -burgh, -bury がついている。たとえば, ドイツの Hamburg (ハンブルク), オーストリアの Salzburg (ザルツブルク), スコットランドの Edinburgh (エジンバラ), イギリスの Canterbury (カンタベリ), Salisbury (ソールズベリ) などの地名がこれに当たる。

日本でこれに似た地名は「大野城」,「都城(みやこのじょう)」,「多賀城」,「山城」のように「〜城」で終わる。かつて城があった所が城下町として発展したものであるが, それほど数は多くない。

英語の人名の起源

今度は人名であるが, 英語の場合, -son や -man のつく名前はかなり多い。たとえば, Edison (エジソン), Hudson (ハドソン), Johnson (ジョンソン), Lawson (ローソン), Stevenson (スティーブンソン), Wilson (ウィルソン) のように, -son がつく名前は 100 を超え, すべて「姓」を表す。ところが, -son は古代スカンジナビア人が父祖名を継承していることの証しとして「〜の息子」を表す -son をつけたのが始まりで, 最初はこの語尾を伴う語は「姓」で

はなく「名」を表していたと考えられる。昔は日本でもヨーロッパでも一般に「姓」がなく,「名」だけであった。それゆえ, -son の付く「名」がいつの頃からか「姓」を表すようになったようである。

ちなみに,日本の天皇家やイギリスの王室などでは現在でも姓はつかない。たとえば,現イギリス国王も「エリザベス二世」がすべてであり,この女王の先祖で 1066 年に王位についたウィリアムも「ウィリアム」だけであった。もっとも,このような高位の人々の場合には,名前の後に親王,内親王,Duke of Normandy, Prince of Wales, King of England などの称号がつけられる。

日本の場合,親の名の一部を子供の名につけることがあるが,この習慣はかつてのゲルマン人の -man をつける習慣と通じる。一方, -man で終わる人名も英語にはかなり多い。この種の人名も -son と同様,「姓」だけを表す。興味深いのは, -man で終わる固有名詞の多くが職業に由来し,Coleman (コールマン) は「炭坑夫」,Elman (エルマン) は「石油商」,Goldman (ゴールドマン) は「金を扱う人」,Hackman (ハックマン) は「木こり」,Sherman (シャーマン) は「羊毛刈り取り人」,Zuckerman (ズッカーマン) は「砂糖職人,菓子屋」である。一方,Edelman (エーデルマン) は「高貴な人」,Lyman (ライマン) は「森の人」,Pitman (ピットマン) は「くぼ地のそばの住人」,Trueman (トルーマン) は「信頼できる人」,Wiseman (ワイズマン) は「賢い人」というように,性格,あだ名,住んでいた場所なども起源となっている場合も少なくない。

職業名となると,述べなくてはならないのが仕事ないしは職業がそのまま姓(または名)となっている語である。その典型は古英語期から用いられている Smith (スミス) [< smith (鍛冶屋)] であるが,そのほかにも (1) のような例があげられる。なお,[ ]

内の年代は英語として用いられた時期，＊をつけたものは職業名が固有名詞として用いられ始めた時期である。ちなみに，イギリスでは12〜14世紀頃に (1) のような職業名が多く出始めるが，これはこの頃から商工業活動が活発となったせいであろう。

(1) Archer < archer（射手）[1300年頃], Barber < barber（理髪師）[*1224年], Bleacher < bleach [「漂白する」+ -er「人」=「漂白業者」], Brewer < brewer（醸造業者）[1250年頃], Butler < butler（執事，使用人頭）[1250年頃], Carpenter < carpenter（大工）[*1175年], Clark (e) < clerk（聖職者，事務員）[15〜18世紀頃の綴りは clark], Constable < constable（執事 [1200年頃]，城主 [1300年頃], 高官 [1375年頃]), Cook < cook（料理人）[*1296年から], Draper < draper（織物商）[1350年頃], Forester < forester（森林官）[1300年頃], Glover < glover [glʌvə]（手袋製造業者）[*1250年], Marshall < marshal（高官＜馬丁）[*1218年が初出], Mason < mason（石工）[*1125-30年が初出], Miller < miller（粉屋）[14世紀以降], Stewart < steward（執事，家令）[古英語期から], Taylor < tailor（服屋，仕立て屋）[1300年頃], Weaver < weaver（織り手）[1376年頃]

日本語の人名にも「鍛冶」はあるが，職業名が姓になった例はそれほど多くない。古くからの職業名で現存するのは，「服部（＜はとりべ）」，「卜部」，「織部」，「治部」のように一般に「部」がつく。

まとめ

このように，地名や人名は民族，時代，文化，風俗，習慣など多様な背景があることから，時代をさかのぼって調べてみると，興味深い特徴や意外な事実が掘り起こせる。

2 数字と命名

はじめに

　数学は嫌い，数字は苦手という人でも，言葉の中に盛り込まれている数字については日常生活で空気のように自然に受け入れているのではないだろうか。その証拠に，「一郎」，「百三」，「千秋」などの名前，「二人静(ふたりしずか)」，「百合」，「千日草」などの植物名，「四日市」，「八郷(やさと)」，「百人町」などの地名，「一ノ関」，「三原」，「十勝三股」などの駅名はもとより，「今日は8時前に家を出ないとまずい」，「明日で大相撲も千秋楽か」，「10月3日は三隣亡(さんりんぼう)だから棟上(むねあげ)は無理だ」など，朝起きてから夜寝るまで，何度も数字を口にしていると思われるからである。数字がこれほど日常生活に溶け込んでしまっていると，数字の意味や面白さに気づかないこともありうる。そこで，ここでは日本人の命名方法を取り上げ，数字との関係を探ってみたい。

日本語の命名法

　日本は先進工業国の仲間入りをするまでは農業国であり，地方では農家が大半を占め，子沢山の家庭が多かった。その頃は，男の子の名前に数字をつけることが当然のように考えられていた。この習慣は今日でもすたれてはいない。すなわち，「一郎」から始まり，「四郎」や「五郎」は普通で，「七郎」や「八郎」も珍しくはなかった。「郎」だけではなく，「男」，「夫」，「雄」も，「正男」，「次男」，「末男」，「一夫」，「三夫」，「正雄」のように，数字と合わせて用いられることも多かった。なお，「正」は「一」，「次」は「二」，「末」は「(数字の)最後」の意味である。もっとも，名前に付けられた数字のすべてが男子の出生順を表すわけではないことは「百男」，「三千郎」，「万喜男」を見れば明らかである。また，

「八」は末広がりでめでたい数字であることから好まれる。

　漢数字は名前の最初の要素にとどまらず，二番目の要素としても，「勇一」,「信三」,「伝八」,「美千夫」のように広く用いられる。お盆に里帰りした折，町を散策していて「四四三」という名の表札を見つけた。「ししぞう」と読むのであろうか，ひょっとしたら「よしぞう」かもしれない。漢数字一文字だけの名前で記憶にあるのは「一」と「千」だけであるが，これらの数字以外になぜ「二」や「八」が用いられないのかはわからない。なお，「千」は「せん，ち」以外の読みはなさそうであるが，「一」は「はじめ」,「ひとし」,「まこと」,「まさし」など，数とおりの読み方がある。

　一方，女子の命名となると状況は一変し，漢数字（とりわけ「一」から「九」まで）が「一子」や「二美」のように用いられるのはまれである。中学の同級生に「三三子」と書いて「みさこ」と読ませる女の子がいた。「二三子（ふみこ）」もありそうである。その他，「八重子」も時おりみかける。しかし，このような漢数字が女子の名前の二番目の要素として用いられるのは皆無に近いであろう。

　ちなみに，手元にある講義の受講生名簿を調べてみたところ，名前の一部に数字が使われているのは，「三貴」,「七海（ななみ）」「百々子（ももこ）」,「千夏子（ちかこ）」,「千尋（ちひろ）」「千恵」,「千咲」,「千鶴」であり，面白いことに「千」が過半数を超えている。これらの数字は出生の順番ではなく，口調や響きの良さから選ばれた可能性が高い。

　ちなみに，今ではかなり高齢の女性にしか見られなくなった名前のうち，「いね」と「うし」は農村で最も大切にされている動植物から，そして，「くま」,「とら」,「たつ」は強く育つようにとの思いから，また，「かめ」,「つる」,「とき」は吉祥や長寿の願いを込めて命名されたのであろう。

英語圏での命名

　今度は，イギリスやアメリカなどの英語圏での命名方法の特徴を探ってみよう。「人，男」を意味する man は職業や人種のほか，Coleman（コールマン），Houseman（ハウスマン），Truman（トルーマン）のように「姓」を表す語の第二要素にもよく用いられ，『英語逆引き辞典』(1999: 781) では 51 例が収録されている。なお，これらの語は職業が固有名詞化されたものが多い。これに対して，同書によれば，「名」を表すのは「森の人」に由来する Lyman（ライマン）だけである。したがって，「和男」，「義男」，「嘉雄」，「邦雄」，「和夫」，「輝夫」のように，明らかに男を表す文字を「名」の構成素として多用する日本語とは際立った対照をなしている。

　俗語では基数詞の one は daddy one（養ってくれる男），dead one（けちな奴），live one（にぎやかで面白い人）のように，複合語の第二要素として「～の人，男」を表すが，他の基数詞や序数詞の first, second, third などを含め，名前に使用されることはまずないであろう。

英語の命名の歴史

　そこで，英語をさかのぼると命名の特徴や原則が現代と異なるかどうかについて調べてみよう。最初に，10 世紀頃の古英語の叙事詩『ベーオウルフ』(*Beowulf*) の登場人物の名前を調べてみた。たとえば，男の名前では，Bēo-wulf（ベーオウルフ）は 'bee-wolf'「蜂＋狼」，Dæg-hrefn（デイフレヴン）は 'day+raven'「日＋鴉」，Ecg-lāf（エッジラーフ）は 'sword + remnant'「剣＋遺物」，Gār-mund（ガールムンド）は 'spear + hand'「槍＋手」，Ōht-here（オーホトヘレ）は 'pursuit+army'「追跡＋軍隊」，Scyld（シュルド）は 'shield'「楯」というように，武器や戦や動物の名が構成素となっている場合が多いことがわかる。

一方，女子は『ベーオウルフ』に 5 名登場するが，面白いことに，Frēa-waru（フレーアワル）は 'ruler+care'「支配者＋配慮」，Hilde-burh（ヒルデブルフ）は 'battle+fortified place'「戦闘＋砦」，Hygd（ヒュイド）は 'deliberation'「配慮」，Mōd-þrȳðo（モードスリューゾ）は 'mind+strength'「心＋強さ」，Wealh-þēow（ウェアルフセーオウ）は 'foreign+captive'「外国の＋捕虜」を表す。このうち，2 例に用いられている「配慮」には女らしい優しさが感じられるが，他の構成素は男の場合と変わらない。数字はこれらの名前に関する限りまったく無縁である。

しかし，『ベーオウルフ』は伝説上の物語であることから，人名も架空のものであった可能性は否定できない。そこで，今度は古英詩『モールドンの戦い』(*The Battle of Maldon*) に登場する人名を取り上げることにした。というのは，この作品は『ベーオウルフ』と同じ頭韻詩であるが，991 年にロンドンの東北東にある港町モールドンでデーン人と戦って敗れたエセックスの太守ビュルホトノースの非業の死を悼んで戦後間もなく書かれたものである。今日まで残存しているのはわずか 325 行であるが，30 余名の味方の武人の名と戦功が連ねられていて，武人の名も実在した可能性が高く，分析に値すると思われる。

最初に，Cēola（チェーオラ），Gadde（ガッデ），Maccus（マックス），Odda（オッダ），Offa（オッファ）は単純語であろうが，cēol（船）に由来すると思われる Cēola を除いて，原義はよくわからない。他の 30 近い名はすべて 2 語の複合によって形成されているので，(1a) には第一構成素，(1b) には第二構成素を上げ，具体的にどのような組み合わせが名として用いられているか調べてみたい。

(1) a. Ælf (< ælf 'elf, fairy'), Æsc (< æsc 'ash-tree, spear'), Æðel (< æðel 'noble'), Bryht (< beorht 'bright'), Dunn (<

'dark-coloured'), Ēad (< ēaðe 'easy, agreeable'), Eald (< eald 'eminent, great'), Ecg (< ecg 'weapon, sword'), God (< god 'god'), Lēof (< lēof 'beloved, dear'), Ōs (< ōs 'god, divinity'), Sī (< 不明), Þur (< Þor 'Thor' ((北欧神話の雷・雨・農耕の神) トール)), Wī (< wī 'battle, valour'), Wulf (< wulf 'wolf')

b. byrht (< beorht 'bright'), ferð (< ferhð 'mind, protector'), gār 'spear, dart', helm 'helmet, protector', (h)ere 'army', lāf 'legacy', mǣr 'boundary, border', nōð 'boldness', rēd (< rǣd 'power, might'), rīc (< rīce 'strong, great'), stān 'stone', sunu 'son', weard 'guard, protection', wig (< wiga 'fighter, man'), wine 'friend, protector', wold (< weald 'power, might')

まず,Ælf は here, nōð, rīc, wine と結合し,Ælfhere, Ælfnōð, Ælfrīc, Ælfwine という名を形成する。第一要素の Ælf は「小さくて身軽な者」を象徴しているが,第二要素は「軍隊」,「勇敢」,「強い,偉大な」,「味方,守護者」を表すことから,名全体は「男らしい」という意味を表している。次に,Æsc は ferð と結合し,「槍兵」という意味を表す。一方,Æðel は rēd, rīc, gār と結びつき,それぞれ「高貴な力持ち」,「高貴な偉人」,「高貴な槍兵」という意味を持つ名前 Æðelrēd, Æðelrīc, Æðelgār を作る。Byrht だけは第一,第二要素のいずれにも用いられるが,第一要素としては helm, nōð, wold と結合して Byrhthelm (輝く守護者), Byrhtnōð (眩しい勇者), Byrhtwold (輝かしい力持ち) という名を形成する。紙面の都合で他は割愛するが,ほとんどの語は男にふさわしい意味を表すものとなっている。なお Godrīc という名の男は二人いて,一人は逃亡した。逞しく,立派な名前を持った者も,「最愛の息子」

と名付けられた Lēofsunu も全員戦死した。

ゲルマン民族と命名法

千年も前の英語の命名方法にも数字は無縁であることがわかる。ゲルマン民族の伝統的な命名法は，むしろ頭韻，すなわち，ジュート族を率いてブリテン島に渡った兄弟 Hengist（ヘンイスト）と Horsa（ホルザ）は言うに及ばず，『ベーオウルフ』に登場する Healfdene の息子 Heorogār, Hrōðgār, Hālga のように，子は親の名と同じ子音で始まっていることである。古高ドイツ語の叙事詩『ヒルデブラントの歌』（*Hildebrandslied*）でも，主人公ヒルデブラント（Hiltibrant）の父の名はヘリブラント（Heribrant）であり，息子はハズブラント（Haðubrant）である。

キリスト教の伝来と命名法の変化

一方，5世紀末にイギリスにキリスト教が伝わると，聖書に登場する Abraham（アブラハム）, Jacob（ヤコブ）, John（ジョン）, Paul（ポール）, Peter（ピーター）, Simon（サイモン）, Thomas（トーマス）などが男の子の名前に好まれるようになる。同様に，Ann [æn]（アン）, Catherine（キャサリン）, Elizabeth（エリザベス）, Mary（メアリ）などが女の子の名前につけられた。キリスト教会がこのような命名を奨励したことは言うまでもない。いずれにせよ，英語の人名には，Elizabeth II（エリザベス二世）のような場合を除いて，数字は用いられないと考えてよさそうである。

日本語の命名法と数字

それでは，命名に数字が好まれる日本の習慣は何に基づくのであろうか。小規模の農家が大半を占めていたかつての日本の農村地域では，田畑をたくさんの子供たちに分割すると互いに生計が

維持できなくなる。そのために，次男以下はかまどの灰すら実家から持ち出せないほど財産分けには厳しいしきたりがある地域もある。そのようなところでは，長男以外は他家に婿養子として入り，そこの家業を継ぐか，独立して会社や公の機関に勤めるか，いずれかを選択せざるをえない。このような情況にある村落では，男子の名前に多く用いられている数字は家督相続の順序を公然と示すことになり，地域社会にとっても好都合であったと思われる。

ところが，広大な地域を移動しながら狩猟や牧畜を営むヨーロッパでは，牧草地や森林の分割相続はもとより，長男に限った遺産の分配も広く受け入れられる慣習とはならず，男子の名前に出生の順序を示す数字をあえて付加する必要も意義も芽生えなかったのかもしれない。

まとめ

かつての日本では出生率は高かったが，乳幼児の死亡率も高かった。多くの人手を必要とする農村においては，今日のような少人数の核家族ではなく，子沢山の家庭が多かった。加えて，長男が家督を相続する風習が根強かったことから，男の子の場合には順番を明示することは意義あることと感じ取られたのかも知れない。日本人の男子の名に数字が多用されている背景にはこのような農村社会の事情があったものと思われる。

3　数字の読み方と数え方

はじめに

日本語の数字には二とおりの数え方がある。すなわち，「いち，に，さん，し，…」という「音読み」と，「ひとつ，ふたつ，みっ

つ, よっつ（縮約して「ひい, ふう, みい, よお」とも言われる）, …」
という「訓読み」である。訓読みは「一粒種」,「二重まぶた」,「三つ葉」,「四つんばい」,「五つ子」,「七つ道具」,「（相撲の）九重部屋」など, 日常語として広く用いられている。

訓読みは「二十日（はつか）」,「三十路（みそじ）」,「五十鈴（いすず）」,「百年（ももとせ）」,「八百屋」,「千歳飴（ちとせあめ）」のように大きな数字にも用いられる。ところが, 数える場合は「十（とお）」までで, それ以上の数字はどう言えばよいのかわからない人がほとんどではなかろうか。掛け算の九九を訓読みで言うとなると, 誰もが首をかしげるであろう。そこで, この節では日本語の数字の数え方について生じるさまざまな疑問について考察してみたい。

日本古来の訓読みによる数え方

日本語古来の訓読みは, 少なくとも現在では 10 以上の数字を数える時や掛け算には用いられない。掛け算の場合に訓読みをしないのは, 古代の日本にこのような計算方法がなかった可能性がある。実は, かつては, 11 以上の数字は, たとえば「十余り一（とおあまりひとつ）」, 12 は「十余り二（とおあまりふたつ）」のように言っていたのである（『時代別国語大辞典』（上代編）(1994: 47)）。大きな位の数字も同様の方法で数えられたが, 次第に漢数字による簡潔な読み方に取って代わられたようである。

もっとも, その時期を特定するのはむずかしい。なぜなら, たとえば 1330 年頃の兼好法師の『徒然草』では, (1) のように大きな数字が用いられているが, 表記どおり漢数字で読んだのか, それとも漢数字の表記を訓読みしていたのかはっきりしないからである。戦前の日本でも,「てふてふ」と書いて「ちょうちょう」と読ませ,「ありがとう」は「ありがたふ」と書いていたから, 平仮名でも表記と呼び方が一致するとは限らなかった。

(1) 「四十九日の仏事に」　　　　　　　　　（第百二十五段）

　　「冬至より百五十日とも，… 立春より七十五日」

　　　　　　　　　　　　　　　　　　　　　（第百六十一段）

　　「百萬の錢(ぜに)ありというとも」　　　　　　　　（第二百十七段）

日本語と英語の数字の音読み

　一方，音読みされる数字は数(かず)と呼ばれ，小学校1年生の算数の時間に1から100までの整数を教わる。しかし，訓読みされる数字は，日常生活に密着しているにもかかわらず，少なくとも算数の時間には習わない(『小学校学習指導要領解説算数編』(1999: 30-34))。

　ちなみに，この学習指導要領では，同じ箇所で「日本語の命数法(数の呼び方)は他の言語と比べて合理的であるという特色がある。例えば，「11」を日本語では「じゅう・いち」と呼ぶ。英語では「イレブン」と呼んで，「テン・ワン」とは言わない。日本語では，数の仕組みの通りに呼んでいるのである。」と記されている。

　しかし，日本語のみならず英語についても，語源に詳しい者ならこのような記述はしないであろう。「11」は現在の英語では eleven であるが，700〜1100年頃の古英語では ellefne または endleofan と呼ばれていた。語形はこの頃すでにかなり崩れていたが，e- と en- は 'one'，lef- と leof- は現在の leave の過去・過去分詞形の left に対応する。そして，語全体は 'one left (over ten)' 「(十)余り一」，すなわち，「十まで数えて一余る数」という意味である。ドイツ語・フランス語・ラテン語・ギリシア語など，ヨーロッパのほとんどの言語も英語と同じ語源であり，昔の日本語と同じ原則で数えられていた。もともとは tēn 'ten' を入れていたと思われるが，古英語では「余り一」の部分だけが残されている。

　「12 (twelve)」の場合もまったく同じ原則で数えられていて，

古英語の twelf は 'two left (over ten)'、すなわち「(十) 余り二」のことである。やはり、left に対応していた痕跡が twelf の -lf に残されている。

13 (thirteen) 以降の -teen は「加算 (足し算) の 10」を表し、13 は「10 足す 3」という意味である。一方、twenty, thirty, forty などの -ty は「乗法 (掛け算) の 10」を表し、「2 掛ける 10」、「3 掛ける 10」などとなる。それゆえ、日本語の「に・じゅう」、「さん・じゅう」などの場合の「じゅう」と同じことである。日本語では加算の場合には「じゅう」を前に置き、乗法の場合には後に置くが、英語では加算と乗法の「じゅう」を語形で区別し、その代わり、加算の -teen も乗法の -ty も後に置く。それゆえ、日本語の命数法は他の言語より合理的であるとはいえない。

日本語の数字の読み方の混乱

今度は、日本語の数字の二とおりの読み方と用法について掘り下げてみたい。かつて、午前 2 時頃は「草木も眠る丑三つ時」、午後 6 時頃は「暮れ六つ時」と訓読みで呼ばれていた。「人」の語源には諸説があるが、「一」の訓読みの「ひと(つ)」に由来するとみなす説がある。全国各地の地名にも古い訓読みがたくさん残されているので、日本語の数字の読み方の本質に迫るために、『古代地名語源辞典』(1981) から漢数字で表記されている古代日本の地名を抽出し、その特徴を調べてみた。以下はその結果である。

第一に、漢数字の「一、四、九」は古い地名には一つも用いられていないが、理由はわからない。ちなみに、私の郷里に「四十九」という地名があるが、音読みで「しじゅうく」と呼ぶ。

次に、「二」は「二田」、「二見」、「二俣」を含め 8 例あるが、すべて訓読みの「ふた」である。ちなみに、「二色」と「二宝」では「二」を「に」と読ませているが、前者では「丹」、後者では「迩保」

など，数とおりの表記や解釈があるので，画数の少ない漢数字の「二」を借りて，呼び方も「に」としたものと思われる。

一方，「三」のつく地名はもっとも例が多く，40を超えるが，いずれも「三角(みすみ)」，「三島(みしま)」，「三谷(みたに)」のように「三」を訓読みした呼び方だけである。

「五」は「五公(いきみ)」の一例のみであるが，訓読みの「い」となっている。「いき（池，水のあるところ）＋み（あたり）」に由来するという説があることから，漢数字の「五」をあてがい，呼び方は訓読みとしたのかもしれない。

「六」は「六名(むつな)」と「六座(むつくら)」の2例だけであるが，いずれも訓読みである。

「七」も「七崎(ななさき)」と「七美(しつみ)」の2例だけである。後者は「しつ（垂）＋み（廻）」で「傾斜地のあたり」という意味であるから，「七」の音読みを「しつ」に当てたものと思われる。

「八」は「三」についで多く，20例ある。このうちの19例では，「八木(やぎ)」，「八部(やたべ)」，「八代(やつしろ)」のように「八」は「や（つ）」と訓読みされている。一方，「八太」は「はた」と読まれるが，「幡多，波多，波太，八多，判多」などの例を見ると，「八」の音読みの「は(ち)」を利用して表記したものと思われる。

「十」は「十市(とをち)」だけであるが，訓読みになっている。「百」は外来の地名の「百済(くだら)」の一例だけである。この地名は百済からの帰化人が多く居住していたことにちなむもので，語源としては「く（大）＋たら（村落）」などの説があるが，いずれの説でも「百」は数字を表すとはみなされていない。

最後に，「千」は「千葉(ちば)」，「千曲(ちくま)」，「千俣(ちまた)」など9例あるが，いずれも訓読みである。なお，「千栗」は「ちくり」が音位転換して生じたものである。「千太(せんた)」については，「ちた」と訓読みで呼ぶ説と，「芹田(せむた)」とも書かれることから「せむ（山が迫る）＋た（処(ところ)）」

と解釈し,「千」は「せむ＝せん」の音を表すためにあてがわれたとする説とが競合している。

このように,漢数字で表記されている古代日本の地名のほとんどは訓読みであること,また,訓読みであっても,数そのものに意味はなく,音を表すために漢数字を借りている例も少なくないことが明らかとなった。一方,渡来の音読みの場合にも,個々の数字そのものには意味はなく,音を表すために借りたと思われる例が若干あることもわかった。

日本語の数字の訓読み

数字の訓読みについては興味深い原則が知られているので,ここで触れておきたい。古代の数字の中には語頭の子音や後続の母音が長い間に変化したものがあり,正確に推定して表記することは容易ではない。そこで,ここではとりあえず,1から10までの数字を (2a) に示し,これに対応する現在の数字の訓読み,すなわち,「ひとつ,ふたつ,みっつ,よっつ,... とお」の最初の文字を (2b) にかなで示し,次に,これを (2c) のようにローマ字表記にしてみる。すると,1の hi と2の hu,3の mi と6の mu,4の yo と8の ya はそれぞれ同じ子音で始まっていて,しかも大きいほうの数字は小さいほうの数字の2倍になっていることがわかる。

(2) a. 1　2　3　4　5　6　7　8　9　10
　　b. ひ　ふ　み　よ　い　む　な　や　こ　と
　　c. hi　hu　mi　yo　i　mu　na　ya　ko　to

同じ要領で,今度は1から10までの数字と,これらを音読みした場合のそれぞれの最初のかな文字,および,これらの文字のローマ字表記を (3) のように作成してみた。しかし,音読みの場

合は訓読みの場合のような関係は確認できない。大野（1977: 39-40）によると，このような倍数法によって構成されている数詞は日本語とアメリカインディアンのハイダ語以外には例がないようである。

(3) a.　1　　2　　3　　4　　5　　6　　7　　8　　9　　10
　　b.　い　に　さ　し　ご　ろ　ひ　は　く　じゅ
　　c.　i　　ni　sa　shi　go　ro　hi　ha　ku　ju

日本語の序数詞の訓読みと音読み

　次に，日本語と英語の数字のうち，数や計算に用いられる基数詞（cardinals）と，順序を示す序数詞（ordinals）の区別の表記について探ってみたい。日本語の基数詞で「人」を数えてみると，奇妙なことに，「一人」，「二人」，「四人」は訓読みで，あとは「三人」，「五人」，「六人」など，すべて音読みであることがわかる。二とおりの異なる読み方が長い間に混ざり合い，だれも違和感を抱かなくなるほど慣習化してしまったと思われる。

　もっとも，比較的新しい造語である国政選挙で用いられる「一人区」と「二人区」という表現では，「一人」と「二人」は音読みになっている。

　一方，序数詞の場合も，「一番」の「いち」，「一つ目」の「ひと」，「二の宮」の「に」，「三等」の「さん」，「七回」の「なな」などのように，音読みと訓読みの区別は序数に加えられる語形成要素に応じて決まるようである。

英語の序数詞の形成

　一方，英語の序数詞の形成はかなり単純な原則に従っていて，one, two, three などの基数詞に順序を表す語尾 -th を付加すれば

fourth, sixth, seventh などの序数詞になる。ただし，英語に限らず，ヨーロッパの多くの言語では一番と二番には特別な序数詞が用いられる。これは，これら二つにはそれ以下の順序に勝る特別な意義が認められているからであろう。

事実，first は -st が示すとおり，古英語の最上級の形式に由来し，「一番の，第一の，主な」などの意味を表す。一方，「第二の」を表す語は，古英語では「二つ（二人）のうちの一つ，次の，ほかの」を意味する語 ōþer [óːðer]（> other (他の)）が用いられていた。しかし，13 世紀末頃から，other と共にフランス語から借用した second（他の，別の）も用いられ，現在では second だけとなった。「第三の」を意味する third は，本来 three + -th という一般的な序数詞の形成法に基づいていたが，古英語ではすでに音変化を受け，þridda [θrídda] となっていて，さらに [r] と [i] が音位転換を起こし，二重子音の単純化や語末の母音の弱化と脱落を受け，現在の third となった。

なお，fifth [fɪfθ] の場合も，語尾 -th の付加以降の音変化の結果，基数の five [faɪv] とは発音も綴り字も異なってしまった。さらに，eighth [eɪtθ] では基数の語尾 -t が脱落している。その他，twelfth [twelfθ] では語尾 -th の付加に伴う先行子音の無音化（[twelfθ] > [twelθ]）が一部の発音に見られる（Wells (2008: 847)）。

まとめ

日本語の場合，数字の読み方が二とおりもあり，しかも両者の使い方が明確ではなく，日本語話者でさえ指摘されるまで気づかないくらい融合してしまっている。今回，両者を切り離し，それぞれの特徴を浮かび上がらせようとした。結果として，訓読みと音読みがかなり融合しているが，両者の独自性が維持されている場合もかなりあることが明らかとなった。さらに深く分析すれ

ば，数字から興味深い事実が発掘できそうである。

英語には数詞の読み方の区別など存在しない。序数詞の場合，古い時期からわずかに first（一番）だけが特別な扱いを受け，また，second（二番）がきわめて例外的にフランス語から借用された語で置き換えられたことを除けば，基数詞に語尾を付加すれば機械的に序数詞が得られる。史的音変化に対応した綴り字の変更が若干認められるものの，英語の数詞から日本語のような興味深い文化的・言語学的特徴を掘り出せそうにない。

4　月の名称の由来

はじめに

人間は太陽や月の規則的な運行を手がかりにして，太古の昔から暦を作成し，農耕牧畜など，社会生活を営む目安としてきた。暦の日・月・年は本来，自然の周期に基づくもので，日は昼夜の区別，月は天体の月の満ち欠けの周期，年は季節の循環に由来する。それゆえ，たとえば四季については，春は草木の芽が「張る」時，夏は「暑」が転じたもので，「温かい，熱い」頃の意であり，秋は食物が多く収穫できる季節であることから「飽」，冬は「冷，寒」が転じたものというように，季節の特徴が語源に反映されている（『日本語源大辞典』(2005)）。それでは，日本古来の月の名称は何に由来するのであろうか。また，英語の月の名称は日本語のものと関係があるのであろうか。この節ではこれらの課題について考察してみたい。

日本語の月の名称の由来

1月の睦月の語源には諸説あるが，その中でも有力と思われるものは，稲の実をはじめて水に浸す月を意味する「実月」である。

互いに行き来して睦まじくする「睦月(むつびつき)」が簡略化したとする説もある。

2月の如月(きさらぎ)は古くは衣更着，すなわち重ね着をせねばならないほど寒さの厳しい月の意味であるとするのが有力な説であるが，ほかに十指をはるかに超える説があるから驚きである。

3月の弥生(やよい)の起源も説が分かれるが，「漸生月(ややおひづき)」，すなわち「植物がようやく生長し始める月」とみなす説もそのうちの一つである。

4月の卯月(うづき)の場合も，卯の花が咲く月，あるいは，稲種を植える月だから「植月」など，説が分かれている。

5月の皐月(さつき)は早苗を植える月を意味する「早苗月(さなえつき)」が有力な語源となっている。

6月の「みなづき」は一般に水無月と書かれ，「な」は「ない」の意にとられて「無」の字があてられているが，本来「な」は「の」であり，「水の月」，すなわち，田に水を引く必要のある月とする説もある。

7月の文月(ふみづき)の起源にも諸説があるが，稲の穂を意味する「含月(ふふみづき)」または「穂見月(ほみづき)」が有力である。文月は「ふづき」とも呼ばれる。

8月の葉月(はづき)は古くは「はつき」と呼ばれたが，これが「葉落ち月」の省略形に由来するのか，稲が穂をはる月を意味する「穂発・穂張月(ほばりつき)」の略なのか，それとも早稲の花の月を意味する「花月(はなづき)」に由来するのか，説は定まっていない。

9月は長月(ながつき)と呼ばれるが，何が長いのかがわからない。夜がだんだん長くなる「夜長月(よながつき)」，稲の穂が長くなる「穂長月(ほながつき)」，「稲刈月(いなかりづき)」，5月と同様の長雨の時季で「長雨月」など諸説があり，語源は定まらない。

10月の「神無月(かみなづき)」の場合，「な」は「の」のことで，「神の月」，

第 5 章 命名の話　　161

すなわち,「神を祭る月」の意味であろうか。これとは逆に,全国の神々が出雲に集まり,諸国が「神無しになる月」とする俗説もある。他に「刈稲月(かりねづき)」,「雷無月(かみなづき)」などの説がある。

　11月の「霜月」は字のとおり「霜降月(しもふりつき)」で決まりかと思いきや,諸説がある。「食物月(をしものつき)」,「摺籾月(すりもみつき)」,「新陽(しんよう)」が初めて生じる月を意味する「新陽月(しもつき)」,「上の月」である10月に対する「下月」などがある。

　12月の師走は「年末に先生が弟子の金策に奔走する月」であるとどこかの本に書いてあったが,このような説は語源辞典には見当たらない。師僧が経をあげるために東西を馳せ走る月で,「師馳(しはせ)」の意味であるとするのが有力である。そのほかにも,四季ないしは歳(とし)が果てる月であることから,「四極(しはつ)」・「歳終(としはつる)」月などの説がある。

　このように,陰暦を採用した頃まで一般に用いられていた月の名称そのものは定まっているが,起源はまちまちである。古くからの口承による名称を漢字で表記しようとした時に,すでに原義が忘れ去られ,音変化も生じていたこともあり得るため,あてがわれた漢字の音と意味をそのまま受け入れるわけにはいかない。とはいえ,説の多くは季節に密着したものとなっている。それに比べて,現在のように1月,2月,3月のように数字で順に呼ぶのはわかりやすいが,生活に密着した季節感が欠落していて味気ない。

英語の月の名称の由来

　それでは,英語の月の名称は何に基づいているのであろうか。週の名称のように,アングロ・サクソン人の本来の呼び名に由来するのであろうか。紀元98年に書かれたローマの歴史家タキトゥスの『ゲルマーニア』によると,英米人などの先祖であるゲ

ルマニア人は「1年そのものをも、われわれ（=ローマ人）と同じ数の季節に分けない。冬と春と夏の概念と名前を持っているが秋の名称もその恵みもともに知らない。」とある（タキトゥス『ゲルマーニア　アグリコラ』(1996: 26 節)）。それゆえ、少なくとも当時は月の数や名称も当然ローマ人のものとは異なっていたと思われる。

ローマからイギリスにキリスト教が伝わったのは 597 年のことであるから、それ以降に古代ローマの暦法も伝えられたと思われる。最古の原始ローマ暦は紀元前 8 世紀に作られたといわれ、1年を 10 か月、304 日とするもので、1年の最初は「軍神月」(mēnsis Mārtius 'the month of March') と呼ばれる 3 月から始まり、ついで「開花」(Aprīlis 'April')、「成長」(Māius 'May')、「繁茂」(Jūnius 'June') というそれぞれ季節を意味する神の名前がつけられた月が続き、残りは第 5 (Quintīlis)、第 6 (Sextīlis) というように序数の月名がつけられた。

この暦法はまもなく太陰暦に改められ、2 か月、すなわち「始めの月」(Jānuārius 'January') と「清めの月」(Februārius 'February') が加えられ、12 か月で 355 日とされた。紀元前 45 年にユリウス暦が採用されてから、1 年は 365 日となり、4 年ごとに 366 日のうるう年が置かれることになった。

各月の日数も軍神月から交互に 31 日、30 日となり、最後の「清めの月」は 29 日とし、うるう日はこの月に置かれることになった。さらに、当時の官庁の始めの月が 1 年の始まりとされ、皇帝ユリウスの誕生の月である第 5 の月は Jūlius、第 6 の月は皇帝アウグストゥスの 3 度の戦勝を記念して Augustus と改められた。その結果、本来序数で表されていた第 7 月 (September)、第 8 月 (Octōber)、第 9 月 (November)、第 10 月 (December) は 2 か月ずつずれてしまった。

それ以降も改暦がなされたが，ユリウス暦は西欧諸国では16世紀まで用いられ，現在国際的な共通暦として広く行われているグレゴリオ暦は1583年から実施されている。

このように，英語の月の名称はすべて古代ローマのラテン名に基づいているが，現在の1月から6月までの名称は古代ローマの神話や習慣に，7月と8月は古代ローマの人名に，そして，9月から12月までは（現在では2か月ずれてしまったが）ラテン語の序数に，それぞれ由来することになる。ちなみに，2か月のずれが生じても，数字に正確に対応しない名称がそのまま用いられた理由として，採用したのは暦法という制度であり，さらに，その中で用いられている septem, octō, novem, decem というラテン語の数詞は，当時の英語やドイツ語では日常使用されておらず，混乱をもたらすことはなかったことがあげられよう。

ドイツ語とフランス語の月の名称の由来

ついでに，ドイツ語とフランス語の月の名称と由来について補足しておきたい。

1月（January）は古代ローマではヤーヌス神 Jānus に捧げる月（mēnsis Iānuārius）にちなむ。この神は天国の門戸や万物の始まりを司っていたことから，ローマ人は新しい仕事を始めるたびにヤーヌス神に祈りを捧げていたといわれている。ドイツ語の Januar とフランス語の janvier も英語と同じ起源である。

2月（February）は古代ローマの太陰暦では最後の月にあたり，「清めの月」（mēnsis februārius）と呼ばれ，この月の後半には生者と死者のために清めと贖罪の儀式が大々的に行われていた。英語だけでなく，ドイツ語の Februar，フランス語の février も由来は同じである。もっとも，ドイツ語では15世紀頃までは Hornung という語が用いられていた（Kluge (2002: 280)）。

3月 (March) は最古のローマ暦では1年の最初の月であった。ローマ神話のマールス神 (Mārs) にちなんで「マールスの月」(mēnsis Mārtius) と呼ばれた。この時期になると荒れ模様の天候に悩まされたことから，農耕を司る神（後に戦争を司る神）マールスに捧げられたのであろう。なお，マールスは紀元前753年にローマを創建し，初代の王となったロムルス (Rōmulus) と双子の兄弟レムス (Remus) の父といわれている。ドイツ語の März とフランス語の mars も起源は同じである。

　4月 (April) になると，冬の間雪や氷に閉ざされていた大地が春になると暖かい陽の光を浴びて再び開く。そこで，この月はラテン語の動詞 aperīre 'to open' に由来する Aprīlis にちなんで名付けられた。ドイツ語では12世紀以前は Ostermonat 'Easter + month'（復活祭の月）が用いられていたが，その後 April に取って代わられた。フランス語の avril も由来は同じである。

　5月 (May) は「生育，成長の月」を意味するラテン語の Māius に由来する。この語は古代ローマ神話の豊饒の女神マイア (Māia) から出たとする説や，「成長，発達」をもたらす神 Jūpiter Māius にちなんで名付けられたとする説もある。ドイツ語では Mai，フランス語では mai がこれに対応する。

　6月 (June) はラテン名の Jūnius に由来する。この語の起源として，形容詞 juvenis 'young'，氏族名 Jūnius，結婚生活の守護神ユーノー (Jūno) などが想定されている。いわゆる June bride (6月の花嫁) はこのユーノーにちなんだものである。ドイツ語では Juni または Juno，フランス語では juin が対応する。

　7月 (July) は「ユリウスの月」(mēnsis Iūlius) に由来するが，これはローマの英雄で暦法を改正したユリウス・カエサル (Jūlius Caesar, 100-44 B.C.) の出生月にちなむものである。ドイツ語の Juli とフランス語の juillet も起源は同じである。

8月 (August) はローマの初代皇帝アウグストゥス・カエサル (Augustus Caesar, 63 B.C.–14 A.D.) を称えてつけられた名称である。ドイツ語の名称は英語とまったく同じ綴りであるが，フランス語では音も綴りもかなり変化し，août [u] となっている。

9月 (September) は3月から数える古代ローマ暦で7番目の月であったことから，「7」(septem) から作られたラテン名 September に由来する。のちに2か月ずれて9番目の月となった。ドイツ語でも同じ綴りであり，フランス語では septembre が対応する。

10月 (October) は古代ローマ暦の8番目の月を意味するラテン名 Octōber (< octō 'eight') に由来する。のちに2か月ずれたが，ドイツ語の Oktober とフランス語の octobre もそのまま引き継がれた。

11月 (November) は古代ローマ暦では9月であったため，「9」(novem) から派生した November と名付けられた。ドイツ語でも同じ綴りの語が対応し，フランス語の novembre も起源は同じである。

12月 (December) は，ローマの古歴では304日続く1年の最後にくる10番目の月であったことから，「10」(decem) の派生語である December に由来する。ドイツ語では Dezember，フランス語では décembre が対応する。

このように，一年を構成する12か月を表す英語，ドイツ語，フランス語の名称はすべてローマ人が用いていたものに由来し，本来の数字に対応しなくなった9月以降の名称もそのまま採用されている。これは暦法という制度そのものを採り入れた結果である。当然のことながら，ローマ暦の導入以前はゲルマン諸民族の間で独自の名称が用いられていた。

まとめ

 温暖化の影響，農作物や花卉(かき)の栽培・保存の方法の改良，輸入の自由化による多彩な果実の氾濫などにより，私たちが感じる最近の季節感は幼い頃のものとは若干異なってきた。それでも，3月末から4月の始めの桜の季節が来ると，つくづく日本の春はいいなあと感じる。桜の後にやってくる木々の葉の淡い新緑は疲れた体を癒してくれる。照りつける太陽の強烈な暑さも，木陰のひんやりとした涼しさも，ほどなく訪れる秋の紅葉の美しさ，その後に続く真冬の寂寥感も味わい深いものがある。

 日本の四季の変化は絶妙である。それぞれの季節の微妙な移ろいも実に味わい深いものがある。日本古来の月の名称には天の恵みの豊かさに対する先人の感謝の念が込められているような気がする。機械的な数字の月の名称など何の味わいもない。

5 曜日の名称の由来

はじめに

 小学校3年生の時，中学で英語を習い始めた兄から面白いことを教えてもらった。それは英語の曜日を楽に覚える方法で，すべてを紹介すると(1)のようになる。ちなみに，当時は1週間は月曜から始まり，日曜日に終わったと記憶しているが，最近は日曜日から始まるようである。

  (1) 月曜日：「月はまんまる，マン，マンデー」(満月はまんまるだから)
      火曜日：「火に水をかけてチューズデー」(火に水をふりかけるとジューと音がするから)
      水曜日：「水田(みずた)に苗をウェンズデー」(水田に苗を植える)

木曜日：「腰に木剣サースデー」（腰に木剣を差す）
金曜日：「金の卵をフライデー」（金の卵をフライにする）
土曜日：「土曜の客はごぶサタデー」（土曜日まで来ない客はご無沙汰しているからか？）
日曜日：「日本の山は富士サンデー」（日本の山といえば富士山）

このように，語呂がよくて覚えやすく，忘れにくい表現は「記憶術」（mnemonics [nɪmánɪks]）と呼ばれ，円周率や歴史上の出来事の年代などを記憶するのに活用されている。このおかげで，今日に至るまで曜日の英語は間違えたことはない。月の名称については，このような便利な方法を教わらなかったことに加えて，曜日より数が多く，おまけに，9月から12月までの英語は大学で学んだラテン語の数字とずれていることから，月の名称はいまだに頭の中で確認しないと安心できない。この節では，曜日の由来について探ってみたい。

英語の曜日の由来

Sunday（日曜日）とMonday（月曜日）は英語と日本語の名称が対応していることから，火曜日から土曜日も同じような関係にあると思われがちだが，事実はまったく異なる。日本の曜日は中国の七曜，すなわち日（＝太陽）と月，および五星（木星，火星，土星，金星，水星）を借りて，ラテン語の呼び名に当てはめたものらしい。もっとも，これとは逆に，東洋における日月星辰の名前を週の7日にあてがう方法を古代のヨーロッパ人がまねたとする説もある（Kluge (1995: 180))。

一方，現在の英語の曜日の呼称については，土曜日のSaturdayはローマ神話の神の名前に由来するものの，その他はすべて古代

ゲルマンの神々の名前に依っている。なお,日曜日に始まって土曜日に終わる現在の週制度そのものはユダヤ人の暦法に由来し,それがキリスト教徒やイスラム教徒の間に広まっていったものである(井上 (1972: 683-685))。

次に,英語の曜日の由来を順に見てみよう。

Sunday (日曜日) は 'the day of the sun' を意味する古英語 Sunnandæg [súnnɑndæj] に由来し,かつては「太陽に捧げる日」であった。今日ではキリストの復活を記念する安息日 (Sabbath) になっていて,「主の日」(Lord's day) とも呼ばれる。

Monday (月曜日) は「月に捧げる日」のことで,アングロ・サクソン人たちは 'the day of the moon' を意味する Mōnandæg [mó:nɑndæj] という語を使っていた。

Tuesday (火曜日) は古英語の Tīwesdæg [tí:wesdæj] に由来することからも明らかなように,かつては「軍神ティーウ (Tiw) [tí:w] の徳を称えるための一日」であった。このティーウは知恵と勇気を兼ね備えた神で,古代ゲルマン民族の神話に登場する。

Wednesday (水曜日) は古英語の Wōdnesdæg [wó:dnesdæj] に由来し,古代ゲルマン神話の神々の中でもっとも勢力のあった天地創造の神ウォーデン (Woden) またはオーデン (Oden) に捧げるための一日であった。なお,このウォーデンはティーウの父親である。

Thursday (木曜日) は,かつてはウォーデンの長男で雷と農耕と戦を司る神であるトール (Thor, 古英語では Þunor [θúnor]) を称える日であった。現在の語形は古英語の Þunresdæg [θúnresdæj] 'the day of Thor' に由来する。

Friday (金曜日) は古英語の Frīgedæg [frí:jedæj] に由来し,古代ゲルマンの人々にとって,ウォーデンの妻であり愛と美を司る女神フリッグ (Frigg > Frīg) を祭るもっとも幸運な一日であった。

ところが，イギリスにキリスト教が伝来すると，金曜日はキリストが十字架上で処刑された日であったことから，信徒の間ではもっとも不吉な日とみなされるようになってしまった。

土曜日（Saturday）は古英語では古来の Sunnan-ǣfen [sύnnɑn ǽːven] 'the eve of Sunday'（日曜日の前夜）が用いられたが，のちに古代ローマ神話の農耕神サートゥルヌス（Sāturnus）を称える日を表すラテン語の Sāturnī diēs 'the day of Saturn' にならって Sæterndæg（または Sæter(n)esdæg）[sǽter(n)(es)dæj] を用いるようになった。

古代ゲルマン民族の伝統と曜日の呼称

古代ゲルマン民族は日常生活を大きく左右する太陽と月はもとより，さまざまな神々を信仰していた。ギリシア人やローマ人が東洋の慣習にならって天体の名称を週を構成する日にあてがうようになると，ゲルマン人たちもこの習慣をまねて自分たちの信じる神々の名前を週のそれぞれの日に付与するようになった。ゲルマン祖語は英語，ドイツ語，オランダ語，ノルウェー語，スウェーデン語などに分化していったが，ゲルマン古来の伝統は現在の週の名称に引き継がれているのであろうか。ここでは英語の週の名称とドイツ語の呼称とを比較しながらこの疑問に答えたい。

日曜日の Sonntag [zɔntaːk] は Sonne [zɔ́nə]（太陽）＋ Tag [taːk]（日）に由来する。古代ローマでは，日曜日は教会暦に従い diēs dominī（主日）と呼ばれ，キリストの復活と昇天が祝われた。しかし，4 世紀以前にはギリシア語の「（太陽神）ヘーリオスの日」（hēméra hēliou）を翻訳したラテン語 diēs sōlis（太陽神の日）が用いられるようになり，このラテン語の呼称は古英語，古フランス語，古ノルド語と同様，古ドイツ語にも翻訳され，9 世紀以降今日に至るまで用いられている。

月曜日の Montag [móːntaːk] は Mond [mont]（月）+ Tag の意味である。「（ギリシア神話の月の女神）セレーネの日」(hēméra selēnēs) はラテン語に翻訳され，ローマでは「（ローマ神話の女神）ルナ (Lūna) の日」(diēs lūnae) として用いられた。この名称は 11 世紀以降ドイツ語に翻訳して採用され，今日の Montag となった。

火曜日を意味するドイツ語の Dienstag [díːnstaːk] はラテン語の Mārtis diēs （（古代ローマ神話の農耕神，のちに軍神となった）マールス (Mārs) の日）を 13 世紀に翻訳したものに由来する。すなわち，「マールス」（ギリシア神話では最高神ゼウス (Zeus)）はゲルマン人たちの神 *Teiwa-（古ノルド語の Týr, 古英語の Tīw, 古高ドイツ語の Ziu）と同一とみなされたことによる。もう一つの説は，ライン川下流域で用いられていた中期低地ドイツ語の dingesdach や dinsedach, すなわち「人民（裁判）集会が行われる日」に由来するとみなす。なお，現在の語形はドイツの宗教改革者マルティーン・ルター (Marthin Luther, 1483–1546) が採り入れたことにより，標準的な語となった。

水曜日の Mittwoch [mítvɔx] は Mitte [mítə]（中間の）+ Woche [vɔ́xə]（週）の意味であり，英語の midweek（週の中頃）に対応する。しかし，かつては英語の Wednesday などと同様，ゲルマン民族の最高神「ウォーデンを祝う日」という呼び名が用いられていた。ところが，11 世紀以降になって，古来の名称はユダヤ教やキリスト教にとって都合のよい「週の中間」を意味する現在の名称へと変えられてしまった。ちなみに，クウェーカー教徒の間では水曜日はドイツ語の名称と同じ意味の語 Midweek が用いられている。

木曜日の Donnerstag は Donners（雷神の）[dɔ́nərs]（< Donner（雷, 雷鳴）= 英語の thunder）+ Tag に由来するが，これはラテン語の Iovis (< Juppiter) diēs （（最高の天空神）ジュピターの日）を翻訳して

11世紀以降に借用されたものであり，他のゲルマン諸語も同様の名称を用いている。この名称を採用した根拠としては，当時の農民が「天候の神」または「雷神」を最高位の神とみなしていたこと，および，稲妻を放つローマ神話の最高神ジュピター（Jūpiter tonās）との関連が考えられる。ちなみに，ドイツ南部のバイエルン地方やオーストリアで用いられている Pfinztag はギリシア語の pémptē hēméra（第5番目の日）に由来する。

　金曜日の Freitag [fráɪtaːk] は Frija [fríːja]（(北欧の女神) フリーヤの）+ Tag に由来するが，この語は後期ラテン語の Veneris diēs（ヴィーナスの日）を翻訳し，9世紀以降に借用された。ローマ人たちのヴィーナスはゲルマン人たちの Freia と同等とみなされたからである。ラテン語の Veneris diēs はギリシ語の Aphrodítēs hēméra（アフロディテの日）をまねて作られたことはいうまでもない。

　土曜日の Sonnabend [zɔ́naːb(ə)nt] は Sonne [zɔ́nə]（太陽）+ Abend（前夜）から成り，「日曜日の前夜」を意味し，9世紀以降，今日に至るまで用いられている。ちなみに，このような Abend 'evening, night' という語の用い方は，ゲルマン人やギリシア人などの古代の人々の間で，一日は日没とともに始まると考えられたことに基づく（國原 (1996: 38-39)）。一方，ライン地方とドイツ南部では9世紀以降 Samstag [zámstaːk]（< Sabbat [zábat]（安息日）'Sabbath' + Tag）が用いられていて，この語だけはゲルマン諸語の中でゲルマン民族の神の名前に由来しないが，これはキリスト教の習慣に従ったものと思われる。というのは，たとえば『旧約聖書（新共同訳）』の「レビ記」(23章32節) には，「この月の九日の夕暮れから翌日の夕暮れまでを安息日として安息しなさい」と記されている。一方，北部ドイツの Satertag [zátərtaːk]（= 英語のSaterday）は，ラテン語の Sāturni diēs（サートゥルヌスの日）からの

翻訳借用 (calque [kælk]) であろう。

曜日の名称の形成方法の史的変遷

　曜日を語形成という観点から眺めてみると，現代英語の名称は「第一要素 + day」という複合語とみなせるが，古英語までさかのぼると，第一要素はすべて属格・単数の屈折語尾を伴っていることから，形式としては語ではなく句であったことがわかる。しかも，Tuesday, Wednesday, Thursday の第一要素の屈折語尾 -es は -s [-z] として今日まで維持されているが，Sunday, Monday, Friday の語尾はかつて -es ではなく，-an または -e であったことから，弱化と消失の結果として無語尾となってしまっている。一方，Saturday は語尾 -s を維持していないことから，古英語の Sæter(n)esdæg ではなく Sæterndæg に由来すると考えられる。ちなみに，イギリスやアメリカの標準的な発音では，第二要素の -day は，たとえば Sunday [sʌ́ndi] のように，弱化した [-di] が一般的であるが，文末などでは [-dei] が好まれる (Wells (2008: 210))。

まとめ

　英語とドイツ語はかつて同じ西ゲルマン語に属していたことから，現在もなお多くの特徴を共通している。しかし，居住地を異にし，文化的・社会的・政治的に異なる影響を受けた結果として，両言語の相違点も際立ってきた。曜日の名称の一部が両者で一致しなくなったのはその一例である。

第6章

言葉遊びの話

1 なぞなぞ

はじめに

　子供は成長するにつれて，先生や友達からさまざまなことを教わる。その中には「なぞなぞ」ということば遊びもあり，家に戻るとさっそく親や兄弟・姉妹を相手に試そうとする。「ミカンの中にいる虫はなーんだ？」，「焼いても食べられないパンはなーんだ？」，「切っても切れないものなーあに？」などと問いかける。答えがわからないふりをして首をかしげていると，子供は得意満面になる。ことばで遊べるということは，言語を習得した証なのである。

　このような「なぞなぞ」は小さい子供に親しまれている遊びだけではない。大人が知らず知らずのうちに日常用いているものもある。たとえば，長寿を祝う呼び名は喜寿，傘寿，米寿，卒寿，白寿のように独特の表現が用いられている。ところが，そのような呼び方の由来を知らない人は意外に多い。たとえば，八十歳を祝って傘寿と呼ぶのは，傘の略字「仐」の筆順が八十となることに由来する。八十八を祝う米寿は米の字が八十八という筆順で書かれることからである。ちなみに，米のことを昔は八木と呼んだのも同様の理由に基づく。一方，九十歳を卒寿というのは，九の下に十と書くと卒の略字の卆となることに由来する。九十九歳を白寿というのは，百から一を取ると白になるからである。

　ついでに，質屋のことを「一六銀行」と言う人がいるが，これは一と六を足すと七になるからである。漢字を用いたこのような「なぞなぞ」は「字謎」と呼ばれ，古代中国や朝鮮はもとより，日本でも古代から作られている。一方，古代のローマ人やゲルマン人も謎を好んだらしく，なぞなぞをテーマにしたかなり多くの詩が残されている。

日本語のなぞなぞ

　このように,「なぞなぞ」は古今東西で最も親しまれてきたことば遊びの一つであるが,「なぞなぞ」についての理解を深めるためには,「謎」そのものの概念や特徴を明確にしておかねばならない。「なぞ」はそもそも「何ぞ?」という問いかけのことばが変化して名詞になったものである。しかし, 無知なるがゆえにだれもが発するような疑問は「なぞなぞ」にはあたらない。「なぞなぞ」は解答を知っている者が発する設問なのである。それゆえ,「なぞ」を作る場合には, 相手が解きにくく迷いやすい問いになるように工夫や努力がなされ, その結果として, 知的な遊びに発展したものである。

　最初に,「なぞ」が満載されている『新版ことば遊び辞典』(1981) に収録されている (1) の例の謎解きに挑んでみよう。

(1) a.「麒麟も老いぬれば駑馬に劣れる」
    b.「麒麟も老いては駑馬に劣る」(諺)
    c.「老いぬれば」=「おいぬれば」→「尾去ぬる」
    d.「駑馬に劣れる」=「どばにおとれる」→「どばに尾取れる」

　この「なぞ」は「麒麟も老いては駑馬に劣る」という (1b) の諺と趣旨は同じであるが, 文言が若干異なる。このなぞの意味そのものは,「一日に千里を走ると言われた名馬も, 歳をとるとのろい駑馬にも負けてしまう」ことであるが, どうしてこれが謎になるのか。諺の「老いては」が「老いぬれば」に変えられているところが怪しい。そこで, (1c) のように「老いぬれば」を「おいぬる」と仮名書きにして, さらに「尾去ぬる」と変えてみよう。関西では「帰る, 去る」ことを「いぬ」という。「尾去ぬる」=「尾が去る」だから,「麒麟」の「尾」を取ると「麒」が残る。「駑馬に

劣れる」も同じようにひねって，(1d) のように「駑馬に尾取れる」と解釈すると，「駑馬」から「尾」が取れて「駑」が残る。残った部分を合わせると「きど」となるから，正解は「木戸」である。

　この種の謎は多く作られているが，要領がわかればなんとかなりそうである。とはいえ，「なぞなぞ」を発する相手の知識や見聞が乏しい場合や，言語や文化的背景が異なると，「なぞなぞ」が理解できず，それこそ答えが「なぞ」となってしまう。

　一方，同じ言語であっても，古い時代の文化や風物に対する知識が乏しいと，昔の「なぞ」にはまったく手も足も出なくなる。たとえば，「なぞなぞ」が発達した室町時代の後奈良天皇（在位1526-57））が詠んだ和歌形式の「奈曾」を集成した『後奈良院御撰奈曾』(『国史大辞典』(5巻) (1985: 930-931)) の中から (2) にあげた一首を選び，謎解きに挑戦してみよう。

　　(2)　「しおしおとしおしおしおとしおしおとしおたれまさる
　　　　宿の夕顔」

　現在ではこの和歌に込められた「なぞ」が解ける人はきわめて少ないと思われるが，5・7・5・7・7の31文字に込められた情報を手がかりにして「なぞ」に迫ろう。まず，「しお」が何回も用いられているが，これは「しおしおと」(＝元気なく) を強調したものであろう。以下，「夕顔」を試みに「夕顔の花」とみなして歌全体を解釈してみよう。まず，「たれまさる」は「日増しに花がしぼんで，うなだれたようになっていく」という意味である。「宿」にはかつて「我が家」という意味もあった。そうすると，この歌全体は「我が家の夕顔の花が次第に元気なくしぼんでいく」となる。

　しかし，これでは歌の解釈をしたにすぎず，謎解きにはならない。そこで，今度は「夕顔」を「夕顔の実」とみなして，歌全体を

解釈しなおそう。「宿」は「夕顔」と「や行」の音合わせとして用いた可能性がある。そうすると, この歌は「我が家の夕顔の実が日増しに大きくなり, (まるで元気のない人の頭(こうべ)のように) 垂れていく」情景を詠んだものとなる。

しかし, これでも謎は解けないので, もう少し踏み込んで考察してみよう。まず,「しお」が合計8回繰り返されていることから,「八潮(やしお)」が導き出せる。「八潮」とは「八重の潮路」のことである。そういえば, 島崎藤村の詩集『落梅集』に収録されている, 歌としても名高い「椰子の実」を思い出す人も多いであろう。「名も知らぬ遠き島より流れ寄る椰子の実ひとつ」で始まり,「思いやる八重の潮々いずれの日にか国に帰らん」で終わる詩である。

次に,「夕顔」は大きな実をつけるが, この実は細長くひも状にむいて干し,「干瓢(かんぴょう)」に加工される。夕顔と同類で, 白い大きな花を咲かせ, 真中がくびれた実をつけるのが「瓢箪(ひょうたん)」である。このひょうたんの果肉を取り去り, 酒器としたものは「ひさご」と呼ばれる。八重の潮路を超えて遥かかなたから漂着した椰子の実は, かつては「八潮(の)ひさご」と呼ばれ珍重されたようである (『新版ことば遊び辞典』(1981: 179))。ということで, このなぞの答えは「椰子の実」となるが, 島崎藤村ならともかく, 現代人の平均的な素養ではとうていかなわない高度な「なぞなぞ」である。他のさまざまな形式の「なぞなぞ」については前述の辞典を参照されたい。

英語のなぞなぞ

今度は英語の「なぞなぞ」に挑戦してみよう。最初は (3) の現代英語の謎である。

(3) a. What bird lifts heavy weights?
　　　（重いものを持ち上げるのはどんな鳥か？）
　　b. Why is the letter "a" like twelve o'clock?
　　　（a という文字はなぜ 12 時に似ているか？）
　　c. How many hairs are there *in* a cat's tail?
　　　（猫の尾の中には何本毛があるか？）

　まず，(3a) の場合，「重いものを持ち上げる」のは起重機（= クレーン）であり，これを英語でいうと crane となる。この語には起重機のほかに「鶴」という意味もある。そうすると，正解は「鶴」となる。

　今度は (3b) の謎であるが，これはちょっとやそっとでは解けそうにはない。まず，12 時というのは 0 時から始まり 24 時まで続く一日の真中に位置している。また，一日は英語では day という。12 時は一日の真中にあり，a もまた一日（= day）の真中にあることから，いずれも一日の真中に位置している。この点で両者は似ているといえるから，day が答えとなる。

　もう一つ，今度はかなり理屈っぽい (3c) の謎に挑んでみよう。毛が何本あるか「数えてみないとわからない」では答えにならない。しかし，この「なぞなぞ」は意外に簡単である。すなわち，わざわざ斜字体にしてある *in* が怪しいと睨めば突破口が開ける。猫の毛は尾の「中」には生えていない。「外」なのである。それで，「ゼロ」が正解となる。

古英語の「なぞなぞ」

　今度はずっと古い時代の英語の「なぞなぞ」を見てみよう。8 世紀頃のイギリスではラテン語の「謎詩」(riddle) がはやっていて，羊皮紙に鵞鳥のペンで記されたものが学者や修道士の間で回

し読みされていたらしい。今から千年ほど前に英語の「なぞなぞ」をテーマとした詩が作られた。これらの詩はラテン語の謎詩の影響を受けたものも含め，90数編が今日まで伝えられている。ここではそのうちの2編を紹介したい。最初は (4) の詩である。

(4) 「しばらく前のこと，父と母は私が死んでしまったと思いこみ，私を捨ててしまった——その時，私には命も魂も授けられていなかったのである。すると，とても親切な人が私を衣類で包んでくれた。この人は私を抱いて保護し，わが子のように大切に産着を着せてくれた。私は運命に身を委ね，その人の胸に抱かれ，見知らぬ人々に囲まれ，たくましく育った。この保護者は引き続き私を養育してくれた。やがて，私は大きく成長し，遠出ができるほどになった。この人がこのように私の世話をしてくれたせいで，この人は自分の息子と娘を失ってしまった。」

この詩は「私」はだれかを言い当てる謎になっていて，原文はゲルマン民族の伝統的な頭韻詩の形式に従って書かれている。しかし，原典を引用しても謎解きの役にはたたないし，韻律も手がかりにはなりえない。この詩も「椰子の実」のなぞなぞと同様にむずかしい。それもそのはず，このような謎詩を作ったのは，聖書やキリスト教の宗教詩に精通していた当時の知識人であった修道士だからである。修道院で作って書き留め，回し読みをして楽しんでいたのであろう。

ヒントはこの詩の内容にある。すなわち，両親が私を捨てた時，私には命も魂もなかったこと，代わって私を養育してくれた人のおかげで私が育ったこと，私は成長すると遠出ができるようになったこと，さらに，私を育ててくれた人はそのために自分の子

供の数を減らすことになったことである。それで,「托卵(たくらん)」という習性が主題となっていることに気付けばカッコーという正解に行き着く。

もう一つ取り上げよう。次の (5) の詩はどうであろうか。

(5) 「私は命のある間は足で歩き,地面を,すなわち緑の平原を切り開く。命が尽きると,私は肌の黒い奴隷や,時には立派な人々を強く縛ることがある。私は勇敢な兵士に胸から飲み物を与えることもある。とても威張った花嫁が私を足蹴りにすることもある。遠くから連れてこられた黒髪の女奴隷は酔っ払い,愚かなこの女召使は暗い夜に私を押したり引いたりすることもある。この女は私に水をかけたり,火のそばで私を心地よく暖めることもある。この女は気の向くまま私の胸に手を当て,せっせとその手を動かし,黒い私の体をなでる。私は生きている間は地面を荒らし,死ぬと人間の役に立つ。この私は何と呼ばれているか。」

この謎は比較的平易である。私は色が黒いこと,生存中は土地を耕し,飲み物を提供できること,死後は人を縛る物に利用できることを判断材料とすればよい。答えは「牛」である。

まとめ

このように,短歌や詩の「なぞなぞ」を調べてみると,作られた時代背景にとどまらず,当時の文化や人々の素養や嗜好も垣間見えてくる。日本語と英語の謎を比べてみると,古い新しいを問わず,日本のなぞなぞのほうが知的水準が格段に高く,内容も豊かである。昨今のテレビ番組の大半は一般大衆向きであるせいか,クイズは単なる知識や記憶を問うものがほとんどである。

もっと知的で想像力をかき立てるものもあっていいのではないかと思われる。

2　早口ことばと舌もつれ

はじめに

　子供が学校の友達や近所の仲間から習い覚えることは多種多様であるが、遊びとして簡単に使える「早口ことば」や「なぞなぞ」などは子供たちに特に好まれるようである。「早口ことば」というのは、あらかじめ決められた文言を途中で間違えずに何回か繰り返し言って、その速さを競う「ことば遊び」の一種である。

　この種の遊びは「舌もじり」とも呼ばれるが、この「もじり」は「ねじり」や「もつれ」と同義であり、舌がもつれることを指す。そのために、早口ことばにはしゃべりにくい語句をわざと多く盛り込んであると思われるが、よく見るとそうでもない。たとえば、早口ことばの例としてよく用いられる (1a) の「隣の客はよく柿を食う客だ」の場合、個々の語そのものはいずれも発音しにくいわけではない。事実、この文全体を普通の速さで通して読むと言い間違えることはない。ところが、2～3回早口で繰り返して言うと、舌がもつれて (1b) のように「隣の客はよくきゃきをきゅう客だ」となってしまう。そこで、この節ではどうしてこのように舌がもつれるのかについて考えてみたい。

(1) a.　隣の客はよく柿を食う客だ
　　 b.　隣の客はよくきゃきをきゅう客だ

舌もつれと拗音

　「隣の客はよくきゃきをきゅう客だ」のように舌がもつれる現

象について着目すべきことは,「柿」(kaki) が「きゃき」(kyaki) となっていることである。これは「隣の客」の kyaku の ky- に引きずられて生じたものと推測される。このように考えると,「食う」(kuu) も同じように ky- につられて「きゅう」(kyuu) となると説明できる。一方, 最後の「客」はもともと「きゃく」(kyaku) であり, すでに ky- となっていることから, この語では舌はもつれないと考えられる。最初の音連続 ky- につられてそれ以降の語に音変化が生じ, 結果的に発音しやすくなっていることがわかる。

次に, (2a) の場合も,「東京特許」の後は舌がもつれて (2b) のように「きょきゃきょく」となってしまう。この場合も最初に生じる「東京」(tōkyō) には ky- という子音連続が含まれている。そして, 2番目の語の「特許」(tokkyo) と 3番目の語の「許」(kyo-) までは, この ky- が含まれていることから, そのまま発音される。しかし, その後にくる「許可」の「可」(-ka) は ky- につられて kya- となってしまうと考えられる。

(2) a.　東京特許許可局
　　b.　東京特許きょきゃきょく

舌もつれと拗音の仮説

「きゃ, きゅ, きょ」,「しゃ, しゅ, しょ」,「ちゃ, ちゅ, ちょ」,「くゎ」のように, 子音+[j, w]+母音という構造をもった音節は「拗音」と呼ばれる(ちなみに,「拗」は「くねくねと曲がる」ことである)。そこで, 先ほどの「隣の客は ...」を将棋になぞらえて,「客」を「角」に変え, 全体を (3) のように変更し, これを早口で言ってみよう。面白いことに, 今度は舌がもつれない。そこで,「拗音ではない音節は繰り返し発音されても舌はもつれないが, 拗音の後に拗音ではない音節が生じると舌がもつれる」と仮定してみ

(3) 隣の角^{かく}はよく角^{かく}を食う角^{かく}だ

拗音以外の音節と舌もつれ

この仮説が妥当かどうかを検証するために，拗音以外の音連続を含む早口言葉の例を取り上げて観察してみよう。最初に，「綾さん，親に謝りなさい」という意味の (4a) の例はどうであろうか。始めの部分の「お綾や親に」(oayayaoyani) までは何事も起こらないが，次の「お謝り」(oayamari) は (4b) のように「おややまり」(oyayamari) となってしまう。最初の「お綾や」の -yaya に加えて，次の語の oyani の -ya- が ya の繰り返しの指令となり，最後の語の -oa- にも y が挿入され，oyayamari となったと考えられる。すなわち，[j] + 母音は子音が先行していないことから，定義上は拗音とはみなされないが，舌はもつれる。もっとも，この y (すなわち [j]) は「わたり音 (glide)」と呼ばれ，oayaya の oa という母音接続を避け，より一般的な CV (すなわち，子音 + 母音) という音連続を実現するために挿入されたものである。それゆえ，舌がもつれるといっても，最終的には発音しやすい音連続となるよう変化している。このことから，拗音が舌もつれの原因であるという仮説は正しくないと思われる。

(4) a. お綾や親にお謝り
b. お綾や親におややまり (oyayamari)

次に，(5a) の場合，「生豆^{なままめ}」，「生米^{なまごめ}」，「生牛蒡^{なまごぼう}」という三つの語をそれぞれ別個に発音しても舌はもつれないが，3語を続けて早口で読むと，舌がもつれて (5b) のようになってしまう。最初の「生豆」(namamame) までは正しく発音できるが，その次の「生

米」(namagome) では -gome が -mome となってしまう。さらに、次の「生牛蒡」(namagobou) では -gobou が -momou となってしまう。それゆえ、最初の namamame に含まれる両唇音の [m] が 3 回繰り返されるうちに、脳のどこかの部位から後続の -gome と -gobou の [g, b] も [m] と発音すべきだという指令が出されるのであろう。ちなみに、最初の語が「生豆」ではなく「生麦」(namamugi) というのも知られているが、二つ目以降の語に含まれる [m] の回数が減っても、やはり舌もつれは生じる（『新版ことば遊び辞典』(1981: 916)）。このことから、舌もつれは拗音のせいであるとする仮説は完全に崩れてしまう。

(5) a. 　生豆生米生牛蒡(ごぼう)
 b. 　生豆なま<u>も</u>めなま<u>もも</u>う

舌がもつれない「早口ことば」

以上のことから、「舌もつれは、特定の構造から成る音節が 2〜3 回用いられている表現が数回早口で発音されると、後続の別の構造の音節が先行音節と同一となる現象」といえる。もっとも、同じ音節構造といっても、繰り返されるのは初頭子音だけであり、後続の母音まで同化されることはなく、また、母音で始まる音節は何度繰り返されても舌はもつれない。たとえば、(6) の場合、「瓜」(uri) と「売り」(uri) という同じ音群が最後まで何度も繰り返されているが、途中にある「売れず」(urezu) は早口で読んでも、舌がもつれて「売りず」(urizu) とはならない。

(6) 　瓜売りが瓜売りに来て瓜売れず売り売り帰る瓜売りの声

そこでもう一つ、(7) の例では、「ひょ」(hyo-) という拗音が 8

回も繰り返され,「三」と「六」の語頭の両唇音 [m] が 2 回生じていることから,いかにも舌がもつれやすそうである。しかし,句全体の意味が理解できると,拗音の繰り返しと両唇音の次の母音 [i] と [u] の相違は障害とはならず,舌がもつれることなく次第に早く言えるようになる。

(7) 蛙ひょこひょこ三ひょこひょこ合わせてひょこひょこ六ひょこひょこ

同様に,(8a-d) も意味を考えながら言うと舌はもつれない。

(8) a. 貴殿の頭は禿げ頭拙者の刀は錆刀
b. ままのままなり継子産む孫
c. 桃も李も桃のうち
d. わしの山に鷲がいたわしが鉄砲で鷲を打ったら鷲もびっくり

要するに,日本語で一般に「早口ことば」と呼ばれているものは,早口で言える字句どおりの「早口ことば」と,早口で言うと舌がもつれる「舌もじり」に区分されることがわかる。そして,舌もつれの原因となるのは子音 + [j, w] + 母音から成る拗音と呼ばれる音節だけではない。また,拗音が含まれていても,語列全体の意味を確認しながら言うと舌はもつれない。

英語の早口ことば

「早口ことば」は英語では tongue twister と呼ばれ,文字どおり「舌もつれ」という意味である。英語にも広く知られている「早口ことば」があるので,いくつか取り上げてその特徴を探ってみたい(『英米故事伝説辞典』(1972: 955))。最初に,(9) の場合,[p] + 母音が 7 回用いられているが,強弱のリズムが規則的に繰り返さ

れていることから，2〜3回練習すれば舌がもつれることなくなめらかに発音できる。

(9) Peter Piper picked a peck of pickled pepper.
（ピーター・パイパーは塩胡椒をどっさり食べた）

次に，(10) の場合，摩擦音の [ʃ]（シュー音）と [s]（スー音）がそれぞれ 3 回ずつ繰り返されている。sea-shells の強勢型は séa-shèlls であることから，文全体を弱強のリズムで読み通せないが，英語のネイティブはともかく，[ʃ] と [s] が正しく発音できる人なら，2〜3回練習すると舌がもつれることはない。

(10) She sells sea-shells on the sea-shore.
（彼女は海岸で貝を売っている）

次の (11) の例の場合，[r] が 6 回用いられているが，いずれも強勢母音の前に生じ，しかも弱強のリズムが規則正しく繰り返されることからとちることはない。もっとも，rugged [rʌ́gɪd] と ragged [rǽgɪd] の強勢母音の区別をすることは必要である。

(11) Around a rugged rock a ragged rascal ran.
（ぼろをまとった腕白小僧がごつごつした岩の周りを走り回った）

それでは，(12) の例はどうであろうか。この場合，動詞 bit を挟んで，主語の A big black bug と目的語の a big black bear が並んでいて，それぞれ b で始まる語が三つずつ含まれる。このような特徴をふまえた上でこの文を読むと，強勢語が連続しているにもかかわらず，かなりなめらかに発音できる。

(12) A big black bug bit a big black bear.

（大きな黒い南京虫が大きな黒い熊を刺した）

　このような英語の早口ことばは，「舌もつれ」という呼び名にもかかわらず，英語を母語としないわれわれ日本人にとって，むしろ早口で発音する練習に適した表現のように思える。

　そこで，日本人には平易に発音できても，英語のネイティブにはむずかしいと感じられる例をあげてみよう。(13) の 2 例は，高名な英語音声学者である O'Connor (1980: 35) が摩擦音の [s, ʃ] が混在して「舌もじり」となっている例としてあげているものである。O'Connor は,「英語のネイティブはこれら英文を発音しづらいと感じる」と明言し，さらに学習者に対して「舌がもつれないように頑張って練習する必要はない」とわざわざ助言までつけている。ところが，われわれ日本人はこれらの英語を発音しても決して舌はもつれない。

(13) a.　Six thin thistle sticks [síks θín θísl stíks]
　　　　（6本の細いアザミの茎）
　　 b.　the Leith police dismisseth us [ðə líːθ pəlíːs dɪsmísɪθ əs]
　　　　（リースの警官はわれわれを退散させる）[dismisseth の -eth は -es に取って代わられる以前の古い語尾]

　今度は [l] と [r] が含まれる例について検討してみよう。日本語では [l] が用いられないので，[r] との区別が聞き取りにくいと感じたり，両者の発音上の区別を正確にできない人は少なくない。そこで，これら二つの音を盛り込んだ早口ことばを取り上げよう。最初に，(14) の場合，fl-, fr-, fl- という子音連続は [l] と [r] の区別ができる人にとってはむずかしい発音ではなさそうである。リズムについては，flýing físh は強弱強であり，この句を frésh が修飾すると，frésh flýing físh のリズムは強強弱強となるこ

とから，句全体のリズムも不規則となるが，このことが舌もじりの原因とはならない。

(14)　Flesh of fresh flying fish（新鮮なトビウオの身）

次に，(15) の場合はどうであろうか。bl- と br- という子音連続が交互に生じるものの，文の意味が把握できて，[l] と [r] の発音が正しくできれば，全体を早口で言うのはむずかしくなさそうである。他の英語の早口ことばについても調べてみたが，いずれも舌がもつれるほど発音しにくい例は見当たらなかった。

(15)　The black breeze blighted the bright blossoms.
　　　（不吉な微風がきれいな果樹の花を台無しにした）

まとめ

日本語の「早口ことば」はもともと早口で言えるものと，早く言おうとすると舌がもつれる「舌もじり」に区別できる。拗音が含まれる音節が繰り返されても「舌もじり」が生じるとは限らない。また，舌がもつれるのは，音節そのものの発音がむずかしいのではなく，同じ音節が繰り返される場合に，発音しやすくなるよう脳からの指令が出されるからであろうと推測される。日本人にとっては外国語である英語の早口ことばは，練習すると文字どおり早口で言える言葉であり，英語の母語話者だと舌がもつれる場合でも，速やかに発音できるという事実は興味深い。

3　回文

はじめに

人間は産声を上げてから言葉を発するまでかなりの月日を要す

るが，ひとたび言葉を使い始めると，知能も発達し，言葉の習得は急速に進み，言葉で遊べるようになってくる。しかしながら，幼稚園や小学校などの子供の頃はともかく，大人になってから言葉で遊ぶのはせいぜい「しゃれ」を用いることくらいであろう。もちろん，短歌・俳句・川柳などの愛好者は数多く，言葉の使い方の妙を追及し，楽しみながら，日本古来の伝統を守ろうと努力を重ねている。一方では，最近の漢字ブームで，テレビ番組の中には難しい漢字の読み方を競うものがある。しかし，あれは主に芸能人の漢字に対する知識の有無や記憶力を試す娯楽であり，一般的には，日常生活に限って言えば，大人の高度な言葉遊びは昨今は皆無に等しい状況にある。

　しかし，日本に限らず，西洋においても，知識や教養のある大人が言葉遊びに興じ，創造力 (creativity) と想像力 (imagination) を競い，言語文化の花を咲かせた時代があった。現在は娯楽には事欠かない時代となり，余暇をもてあますことが少なくなった。このことは歓迎すべきことであろうが，一方では，子供や若者の言葉遣いが乱れ，国語力が低下し，自己表現もままならないと感じられる場合が増えてきている。このような現状に直面すると，日本語や英語などの身近な言葉の存在とその意義をじっくりと問い直してみざるを得ないであろう。

　そのような意図も込めて，日本語と英語の言葉遊びの世界を覗いてみたい。この節では「回文」を取り上げる。

回文（かいぶん，めぐらしぶみ）

　何年か前のこと，通りがかりに見た看板に「清水清」という名前が書かれていた。これはたぶん「しみずきよし」と読むのであろう。漢字を見ると上からも下からも同じになっている。また，「山本山」と聞くと海苔を思い浮かべるが，最近，「山本山」とい

う四股名の関取が現れた。こういう人名はめったに見かけないことから、いい機会だと思ってこのような表現方法について調べてみた。この種の語句の作り方は「回文」(かいぶん、めぐらしぶみ) と呼ばれ、昔から親しまれ、和歌や俳句にも用いられ、ことば遊びにも取り入れられている。

英語にもこのような方法があり、palindrome [pǽlɪndròʊm] と呼ばれ、前後どちらから読んでも同じになる語・句・文のほか、16161 のような数字も含まれ、さらに、縦横どちらに読んでも同じようになる「語表」(word square) のことも指す。しかし、日本語と英語では音節構造や書記法がかなり異なることから、回文についても特徴に違いが出てくることが推測できる。また、中国の漢詩にも回文があることから、ここではこれらの三つの言語の回文について言語学的に探ってみたい。

日本語の回文

まず、日本語の回文の例を見てみよう。たとえば、日常なにげなく用いている (1a) のような語句や文を「かな」で表記してみると、(1b) のようにきれいな回文になっていることがわかる。また、子供たちのことば遊びの中にも (1c) のように回文と呼べるものがある。

(1) a. 新聞紙、八百屋、留守をする、食いに行く、確かに貸した、わたし負けましたわ
   b. しんぶんし、やおや、るすをする、くいにいく、たしかにかした、わたしまけましたわ
   c. 竹屋が焼けた(「竹藪焼けた」もある)、田植え歌、この小猫の子

和歌の回文

　今度は，偶然の結果ではなく，技巧を凝らし，苦心した末に完成したと思われる和歌と俳句の回文を取り上げてみよう。回文はまず和歌に取り入れられたといわれている（『新版ことば遊び辞典』(1981: 1085)）。たとえば，平安末期〜鎌倉初期の貴族で歌人の藤原隆信（1142-1205）は『隆信朝臣集』に回文の歌を数首残している（『国史大辞典』(12 巻)(1991: 200)）。たとえば，(2a) の「白浪の高き音すら長浜は必ず遠き潟のみならし」の場合，「清音」と「濁音」の違いはその当時は問題とされなかったことから，この歌をすべて清音にしてから平仮名書きにしてみる。すると，(2b) のように完璧な回文となっていることがわかる。なお，「ならし」は「…であるらしい」の意であるが，「音」を受けて「ならし（鳴らし）」に掛けた可能性もある。

　(2) a.　白浪の高き音すら長浜は必ず遠き潟のみならし
　　　b.　しらなみのたかきおとすらなかはまはかならすとおきかたのみならし

　もう一首，平安末期の歌学者である藤原清輔の歌学書『奥義抄』に収録されている (3a) の「長き夜の野面遥かにてそま暗く真袖に刈るは物の良きかな」も，(3b) のように仮名書きにすると，立派な回文になっていることがわかる（『国史大辞典』(12 巻)(1991: 186)）。なお，この歌の「野面」は「野面＜野も狭」，すなわち，「野原一面」のことであり，「そま」は「樹木の繁った山」を表し，「まそで（真袖）」は「（両）袖」のことである。「刈る」は「着る」であり，「着ている」の意。もっとも，この歌の後半の意味は明確ではない。完璧な回文を目指して工夫を重ねても，なおかつこのような不備が残ったのかもしれない。

(3) a. 長き夜の野面(のも)遥かにてそま暗く真袖に刈るは物の良きかな

b. なかきよののもはるかにてそまくらくまそてにかるはもののよきかな

次に，回文の傑作として最も広く知られている歌を取り上げよう。この歌は正月二日の夜，枕の下に敷いて寝ると良い夢を見るといわれている縁起物の「宝船」(＝米俵や宝物を積み，七福神を乗せた帆掛け船)の絵に書き添えられたものである。すなわち，この歌は(4a)に示したとおり，5・7・5・7・7の短歌形式で書かれている。まさかと思われる人がいるかも知れないが，この歌を(4b)のようにすべて仮名で書き換え，前後から読んで確かめてみると，回文になっていることがわかる。もっとも，この歌全体の意味は必ずしもはっきりとはしないが，この点は(2a)と(3a)の場合と同じである。

(4) a. 長き夜の遠(とお)の眠(ねぶ)りの皆目覚め浪乗り船の音の良きかな

b. なかきよのとおのねふりのみなめさめなみのりふねのおとのよきかな

俳句の回文

一方，俳句は和歌よりはるかに短く，しかもひっくり返しても同じ5・7・5という言葉の構成となる。そのために，回文に適していると判断され，盛んに作られたようである。芭蕉の作という説もある(5a)の俳句「長崎やのどかな門の焼肴」をすべて仮名書きにしてからひっくり返すと，(5b)のように元の歌と同じになる。なお，この俳句の場合，「のどか」と「かどの」の濁音をそのままにしておいても回文になるが，「ながさき」と「やきざか

な」は清音に書き換えないとうまくいかない。このことは，当時は濁音と清音の対立が明確になりつつあったことの証拠となり得る。

(5) a. 長崎やのどかな門(かど)の焼肴(やきさかな)
    b. なかさきやのどかなかどのやきさかな

もう一つ，作者不詳の (6a) の俳句「岸に咲くげんげやげんげ草錦」も (6b) のように仮名表記に変えると，回文であることがわかる。この俳句が面白いのは，5・7・5 の中の句「げんげやげんげ」が濁音のまま回文となっていることである。なお，「げんげ」は「れんげ」のことで，「草錦」はれんげ草の淡いピンク色の花と葉の緑が錦のように美しい様をいう。

(6) a. 岸に咲くげんげやげんげ草錦(くさにしき)
    b. きしにさくげんげやげんげくさにしき

このように見てくると，日本語の回文は，日常何気なく用いる語や句はもとより，読み手のさまざまな思いが込められた短歌や俳句にまで用いられ，しかも指摘されるまで気づかないほど，ごくごく自然な表現となっていることがわかる。

中国語の回文

冒頭の「清水清」という人名や力士の「山本山」という四股名は，仮名で「しみずきよし」，「やまもとやま」と表記すると回文にはならないが，漢字ではれっきとした回文である。そこで，今度は漢字だけで作られた回文の詩を取り上げることにする。

中国の北宋を代表する詩人であり，「唐宋八大家」の一人に数えられる蘇軾（または蘇東坡）(1036-1101) は回文詩を 3 首読んでいる。ここではそのうちの一首を取り上げる（江南本織錦圖上回文

原作三首其一)(『国語学大辞典』(1991: 332))。

(7) にあげたこの詩は「七言絶句」と呼ばれるもので，全体は4行から成り，1行は7語で構成され，3行目以外の行末は同一音となり，脚韻 (rhyme) が形成されている。蘇軾が回文詩となるよう工夫を凝らしたせいか，語順には若干問題は残るが，全体としては鑑賞に耐える詩となっている。

(7) 春晩落花余碧草　　（春晩落花碧草を余し）
　　夜涼低月半枯桐　　（夜涼低月枯桐に半ばす）
　　人随遠雁辺城暮　　（人は遠雁に随う辺城の暮れ）
　　雨映疎簾繡閣空　　（雨は疎簾に映じて繡閣空し）
　　（春の終わり，花は散り，青い草が残っている。
　　夜は涼しく，低く垂れた月は枯れた桐の半ばにある。
　　人は遠くの雁を追うように帰り，国境の町は暮れて行く。
　　雨はまばらに編まれた簾(すだれ)に映じて，美しく飾られた高殿(たかどの)は寂しい。）

この詩を各行の語順はもとより，行の順番もすべてひっくり返すと，(8) のようになる。押韻は原則から外れ，語順にも問題を残すが，全体として解釈が可能な詩となっている。大詩人の蘇軾にしてもこれが限界なのであろうが，回文としては完璧である。

(8) 空閣繡簾疎映雨　　（空閣繡簾疎にして雨に映ず）
　　暮城辺雁遠随人　　（暮城辺雁遠く人に随う）
　　桐枯半月低涼夜　　（桐枯れて半月涼夜に低れ）
　　草碧余花落晩春　　（草碧にして余花晩春に落つ）
　　（誰もいない高殿の美しいすだれはまばらに編まれていて，雨に映える。夕暮れの町の国境を飛ぶ雁が遠くまで人について行く。桐は枯れて半月が涼しい夜の空に垂れている。草は青々と

して，残った花が晩春に散っていく。）

英語の回文

今度は英語の回文について探ってみよう。英和辞典をめくっていくと，(9) のように回文になっている単語が多く見つかる。

(9)　dad（おとうさん），deed（行為），did [do の過去形]，eve（前夜），eye（目），Hannah（ハンナ [女子の名]），level（平らな），nun（尼僧），peep（のぞく），radar（レーダー）

ところが，単語はともかく，句や文となると，(10) のように完全な回文になっているものはごくわずかしかない。

(10) a.　Was it a cat I saw?（私が見たのは猫だったか？）
　　 b.　Madam, I'm Adam.（奥様，私はアダムと申します）
　　 c.　No melon, no lemon.（メロンもだめだ，レモンもだめだ）
　　 d.　Able was I ere I saw Elba.
　　　　（エルバを見る前，私は強かった）
　　 e.　Snug & raw was I ere I saw war & guns.
　　　　（戦争や大砲を見る前は，私は不自由なく未熟であった）
　　 f.　A man, a plan, a canal, Panama!
　　　　（人，計画，運河，パナマ！）
　　 g.　Which is which?（どっちがどっち？）

まず，(10a, b, c) の例は結果としてたまたま回文になっているように思われるが，実際，英語の回文はこの種のものがほとんどである。(10d) の例はナポレオンがエルバ島に流刑となった後に語った言葉に見せかけている。ちなみに，この回文は (10e) のもじりである。なお，(10d) の ere [ɛə(r)] はかつて before（〜以前に）の意味で用いられた接続詞・副詞であり，現在は early（以前に）の

語根 (root) に残されている。次に，(10f) はパナマ運河について述べていて，回文としては出来がよいが，語を列挙しただけで文にはなっていない。ちなみに，日常会話で用いられる (10g) のような疑問文を回文の例とみなす事典があるが，このような例は単語の綴り字を固定して一つのまとまった単位とみなさないと回文にはならない (『英語ニューハンドブック』(1987: 593-602))。

日本語と英語の音節構造

以上のように，日本語の回文は中国語や英語のものと比べてみても格段に優れたものであり，芸術の域に達していると評価できるほどの出来栄えである。時間さえあれば挑戦してみたく，また人と競い合いたくなるのもうなずける。それでは，日本語と他の言語の何がこのような相違を生み出すのであろうか？ これは少し考えてみる価値のある問題である。

日本語の場合，古くは存在しなかった「ん」を除くと，母音とそれに先行する子音 (以下，(C)V と表記する) から成る音節が独立した単位となり，仮名はこのような構造をもつ音節に対応するように作られた音節文字である。濁音を除外すると，50 以下の少ない文字の組み合わせで，無限の語・句・文が作れることになる。語列をひっくり返しても CV の順序が入れ替わることがないことから，回文が作りやすくなっている。

ところが，英語の場合，(11a) の子音 /h, j, r, w/ は語頭にのみ生じ，後続の母音 (=V) に強勢が置かれることが多い。これに対して，(11b) の語頭の /hV-, jV-, rV-, wV-/ は，ひっくり返すと，それぞれに対応する音連続で始まる語は少なく，また，たとえそのような語が生じるとしても，語頭の母音は無強勢の [ə] が多くなり，語の選択の制約が強くなる。一方，(11c) の king, long, sing などの語末に生じる鼻子音 [ŋ] は語頭には生じない。さら

に，子音は (11d) のように語頭や語末でいくつも連続することが多く，しかも母音の前と後では子音の連結の型は必ずしも同一ではないことから，特定の音連続をそのまま逆にすると，英語では認められない音連続が生じる可能性が高くなる (Cruttenden (2008: 253-258))。

(11) a.　/h, j, r, w/ + 母音 (= V): hóme, yéar, ráin, wínd など。
　　 b.　/hV-, jV-, rV-, wV-/ → /Vh-, Vj-, Vr-, Vw-/
　　　　　　　　　　　　　　Cf. [ə] + /h, j, r, w/ (= arrive, away)
　　 c.　語末の鼻子音 [ŋ]: king, long, sing, wing, young
　　 d.　dream, clean, tree, spring, strong, screen 〜 ask, text, wind, world など。

英語に長い回文が成立しにくい原因は音の連結上の制約とラテン文字を用いた表記方法にありそうである。その証拠に，(1b) にあげたごく簡単な日本語の回文を (12) のように英語と同じラテン文字で表記すると，すべて回文ではなくなるばかりか，そもそも日本語として通用しない意味不明の音の連続になってしまう。

(12) a.　しんぶんし: shinbunshi → ihsnubnihs
　　 b.　やおや:　 yaoya → ayoay
　　 c.　るすをする: rusuosuru → urusousur
　　 d.　くいにいく: kuiniiku → ukiiniuk
　　 e.　たしかにかした: tashikanikashita → atihsakinakihsat
　　 f.　わたしまけましたわ: watashimakemashitawa →
　　　　　　　　　　　　　　awatihsamekamihsataw

まとめ

　日本語の仮名は母音または子音＋母音によって構成される音節文字であり，しかも50以下という少数の文字で構成されている。音節文字は指折り数えることができ，しかも順序を入れ替えても子音と母音は固定したままなので，短歌や俳句の世界はもとより，回文のような言葉遊びにも適したものとなっている。先人はこのような音節文字の特徴を活用し，言語文化の花を咲かせたといえよう。

参考文献

テキスト

Baesecke, Georg (1944) *Hildebrandslied*, Max Niemeyer, Halle.
Benson, Larry D. (1987) *The Riverside Chaucer*, Houghton Mifflin, New York.
Blackburn, Francis A. (1907) *Exodus and Daniel*, Heath, Boston.
Blake, N. F. (1964) *The Phoenix*, Manchester University Press, Manchester.
Brooks, Kenneth R. (1961) *Andreas and the Fate of the Apostles*, Clarendon Press, Oxford.
Clubb, Merrel Dare (1972) *Christ and Satan: An Old English Poem*, The Shoe String Press, Hamden.
Doane, Alger N. (1978) *Genesis A: A New Edition*, University of Wisconsin Press, London.
Earle, John and Charles Plummer (1952) *Two of the Saxon Chronicles Parallel*, Clarendon Press, Oxford.
Gordon, E. V. (1957) *The Battle of Maldon*, Methuen, London.
Kraeber, F. (1950) *Beowulf and the Fight at Finnsburg*, Heath, Boston.
Seymour, M. C. (1967) *Mandeville's Travels*, Clarendon Press, Oxford.
Tupper, Fredericks, Jr. (1910) *The Riddles of the Exeter Book*, Ginn, Boston.
西尾 實(1957)『方丈記 徒然草』(日本古典文學大系 30) 岩波書店,東京.

辞書

Bussmann, Hadumod (1996) *Routledge Dictionary of Language and Linguistics*, Routledge, London and New York.
Crystal, David (2008) *A Dictionary of Linguistics and Phonetics*, Blackwell, Malden, Oxford and Victoria.
Kluge, Friedrich (2002) *Etymologisches Wörterbuch der deutschen Sprache*, Walter de Gruyter, Berlin and New York.
Onions, C. T. (1966) *The Oxford Dictionary of English Etymology*,

Clarendon Press, Oxford.

Simpson, J. A. and E. S. C. Weiner (1989) *Oxford English Dictionary*, Clarendon Press, Oxford.

Swan, Michel (1995) *Practical English Usage*, Oxford University Press, Oxford.

Wells, John Christopher (1990) *Longman Pronunciation Dictionary*, Longman, Harlow.

Wells, John Christopher (2008) *Longman Pronunciation Dictionary*, Pearson Education, Harlow.

井上義昌（1972）『英米故事伝説辞典』冨山房，東京．

楠原佑介，他（1981）『古代地名語源辞典』東京堂，東京．

國廣哲爾・堀内克明（1999）『英語逆引き辞典』小学館，東京．

国語学会（1980）『国語学大辞典』東京堂，東京．

国史大辞典編集委員会（1984-91）『国史大辞典』（第4，5，12巻）吉川弘文館，東京．

佐藤亮一（1996）『日本方言辞典』小学館，東京．

下中邦彦（1972）『世界大百科事典』平凡社，東京．

上代語辞典編修委員会（1976）『時代別国語大辞典』（上代編）三省堂，東京．

上代語辞典編修委員会（1985-2001）『時代別国語大辞典』（室町時代編）三省堂，東京．

新村　出（2008）『広辞苑』岩波書店，東京．

鈴木棠三（1981）『新版ことば遊び辞典』東京堂，東京．

寺澤芳雄（1997）『英語語源大辞典』研究社，東京．

徳川宗賢・佐藤亮一（1989）『日本方言大辞典』小学館，東京．

長井氏晟（1987）『英語ニューハンドブック』研究社，東京．

中村幸彦・岡見正雄・阪倉篤義（1982-99）『角川古語大辞典』角川書店，東京．

西岡　弘，他（1995）『成語大辞苑』主婦と生活社，東京．

日本音聲學會（1976）『音聲学大辞典』三修社，東京．

飛田良文，他（2007）『日本語学研究事典』明治書院，東京．

前田富祺（2005）『日本語源大辞典』小学館，東京．

松村　明（2006）『大辞林』三省堂，東京．

諸橋轍次，他（1976）『新漢和辞典』大修館書店，東京．

論文・入門書・研究書

Cruttenden, Alan (2008) *Gimson's Pronunciation of English*, Hodder Education, London.

Faber, David (1986) "Teaching the Rhythm of English," *IRAL* xxiv/3, 205–216.

Franz, W. (1939) *Die Sprache Shakespeares in Vers und Prosa*, Max Niemeyer, Tübingen.

Gimson, A. C. (1989) *An Introduction to the Pronunciation of English*, Edward Arnold, London.

Kenyon, John Samuel (1950) *American Pronunciation*, George Wahr, An Arbor, Michigan.

Kerkhof, J. (1966) *Studies in the Language of Geoffrey Chaucer*, Universitaire Pers, Leiden.

Meer, van der Hindrikus Johannes (1929) *Main Facts Concerning the Syntax of Mandeville's Travels*, Kemink En Zoon, Utrecht.

Moore, Samuel and Albert H. Marckwardt (1968) *Historical Outlines of English Sounds and Inflections*, George Wahr, Ann Arbor.

Mustanoja, Tauno (1960) *A Middle English Syntax*, Société Néophilologique, Helsinki.

O'Connor, J. D. (1980) *Better English Pronunciation*, Cambridge University Press, London.

Paul, Herman (1975) *Prinzipien der Sprachgeschichte*, Max Niemeyer, Tübingen.

Pyles, Thomas E. (1971) *The Origins and Development of the English Language*, Harcourt Brace, New York.

Quirk, Randolph and C. L. Wrenn (1957) *An Old English Grammar*, Methuen, London.

Rissanen, Matti (1999) "Syntax," *The Cambridge History of the English Language*, vol. III 1476 to 1776, ed. by Roger Lass, 187–331, Cambridge University Press, Cambridge.

Ross, John R. (1980) "The Sound Pattern of Meaning," *Linguistics in the Morning Calm*, The Linguistic Society of Korea, Seoul.

Wells, John Christopher (1982) *Accents of English 1: An Introduction*, Cambridge University Press, Cambridge.

荒木一雄・宇賀治正朋 (1984)『英語史 IIIA』(英語学体系 10) 大修館書

店,東京.
大塚高信(1951)『シェイクスピア及び聖書の英語』研究社,東京.
大塚高信(1976)『シェイクスピアの文法』研究社,東京.
大野　晋(1977)『日本語の起源』岩波書店,東京.
國原吉之助(訳)(1996)『ゲルマニア　アグリコラ』(ちくま学芸文庫)筑摩書房,東京.
島岡　丘・枡矢好弘・原口庄輔(1999)『音声学・音韻論』(英語学文献解題第6巻)研究社,東京.
築島　裕(1981)『仮名』(日本語の世界5)中央公論社,東京.
鶴　久(1977)「万葉仮名」『岩波講座日本語』(8 文字)岩波書店,東京.
藤堂明保(1977)「漢字概説」『岩波講座日本語』(8 文字)岩波書店,東京.
中尾俊夫(1972)『英語史 II』(英語学体系第 9 巻)大修館書店,東京.
中尾俊夫(1985)『音韻史』(英語学体系第 11 巻)大修館書店,東京.
橋本進吉(1946)『國語學概論』岩波書店,東京.
橋本文夫(2006)『詳解ドイツ大文法』三修社,東京.
藤原保明(1996)「音位転換について」*The Quiet Hill*, 第 12 号, 207-220.
松平千秋・国原吉之助(1969)『新ラテン文法』南江堂,東京.
文部省(1999)『小学校学習指導要領解説算数編』東洋館出版社,東京.

索　引

1. 日本語はあいうえお順で，英語で始まるものは ABC 順で示した。
2. 数字はページ数を示す。

事　項

[あ行]

アイスランド語　17, 73
曖昧 (あいまい) 母音　31, 33, 36
明るい 'l'　10, 12, 13, 15, 71
アクセント　46
アッシュ　73
アルファベット　65, 69, 73, 74
い音便　53
いろは歌　51
韻文　90, 91, 116
韻律　37, 89, 179
陰暦　161
う音便　53
英語　5, 9, 10, 13, 14, 16-20, 25-28, 31-34, 36, 39-41, 43, 47, 50, 56, 57, 63-67, 69-71, 74-79, 82-87, 89, 91, 93-95, 97, 98, 100-102, 105, 109, 111, 116, 119-121, 123, 125, 126, 129-132, 135, 136, 141-143, 147, 150, 153, 154, 157-159, 161, 163, 165-172, 177-180, 185-190, 195-197

英語音声学　187
英和辞典　11, 69, 70, 72, 94, 195
押韻　37, 194
奥舌母音　27, 31
オランダ語　84, 86, 169
音位転換　2-9, 155, 158
音価　36, 38, 39, 46, 65
音質　79, 95, 122
音声学　22, 24, 33
音声特徴　40, 71, 79
音声表記　54, 70, 72, 79
音声変化　6
音節　6, 7, 9, 14, 35, 39, 40, 46, 50, 52, 70, 71, 76, 121, 182, 184, 185, 188, 196
音節構造　9, 184, 190
音節文字　4, 5, 9, 196, 198
音便　53
音変化　7, 22, 24, 29, 52, 66, 69, 85, 91, 95, 96, 100, 101, 106, 158, 161, 182
音読み　58, 59, 61, 86, 87, 100, 151, 153-158
音量　46, 66, 72, 121-123
音連続　50, 182, 183, 196, 197

203

[か行]

外国語　10, 16, 84, 92, 188
回文　188-198
外来語　24, 96
格　109, 110, 135
格変化　135
過去完了形　12
過去形　11, 93, 95, 96, 106, 107
過去分詞形　93, 95, 96, 106, 153
片仮名　13, 53, 59, 86
仮定法　102, 103, 105, 106
仮名（かな）　4, 5, 9, 51-53, 56, 58, 59, 63, 70, 140, 190, 192, 193, 196, 198
仮名（かな）書き　60, 100, 121, 175, 191, 192
仮名（カナ）表記　84, 193
仮名文字　50, 100
神　60, 162, 164, 171
火曜日　166-168, 170
関係詞　43
漢語　5, 52, 88, 97, 100, 101
漢詩　190
冠詞　41, 42
漢字　2, 7, 27, 30, 51-53, 55, 56, 58-63, 70, 87, 161, 174, 193
漢字表記　139
漢数字　146, 152, 154-156
完全音価　34, 46, 47, 93
感嘆詞　54, 55
嵌入の 'r'　25, 26, 35
漢文　52
慣用句　118, 119
漢和辞典　69, 140

記憶術　167
気管　32, 73
喜寿　174
基数詞　147, 157, 159
気息音　75
規則動詞　95, 97
機能語　43
脚韻　194
脚韻詩　36
行（ぎょう）　37, 51, 98
強形　44
強子音　23
強勢　12, 22, 23, 34, 36, 40-43, 46, 73, 75, 91, 196
強勢音節　37, 40, 47, 71
強勢語　41-43, 186
強勢母音　21-23, 34, 35, 38, 39, 73, 186
強変化動詞　96, 97
ギリシア語　17, 69, 72, 153, 169, 171
ギリシア神話　170
キリスト教　66, 69, 150, 162, 169-171, 179
金曜日　167-169, 171
屈折言語　111
屈折語尾　22, 23, 98, 108, 172
暗い 'l'　11-14, 16, 71
グレゴリオ暦　163
訓読み　58, 59, 61, 63, 86, 87, 152, 154-158
形式主語　124-126, 128, 129
形態素　35-37, 39
形容詞　12, 17, 26, 39, 42, 89, 91, 92, 108, 111-114, 130, 132, 134,

135, 164
月曜日 166-168, 170
ゲルマン語 18-20, 92
言語 4, 9, 16, 17, 20, 36, 39, 65, 71, 76, 84, 99, 104, 114, 123, 125, 153, 154, 158, 174, 176, 196
言語文化 189, 198
言語変化 107, 124
現在分詞 26
現代英語 16, 21-24, 36, 38, 64, 68, 76, 97, 102, 107-109, 111, 112, 114, 115, 122, 123, 126, 128, 133, 134, 172, 177
語彙範疇 22
硬口蓋 77
構成素 55, 119-122, 147, 148
交替現象 29, 94
高低アクセント 56
後母音 13, 14
声 32, 39, 73
古英語 8, 9, 20, 29, 36, 38, 41, 66-68, 73, 86, 89-92, 95-97, 104-108, 111-113, 122, 123, 126, 127, 133-136, 142, 147, 153, 154, 158, 168-170, 172, 178
古英詩 36, 37, 89, 134, 135, 148
呉音 87
語幹 65, 92, 94-98, 100
呼気 12, 16, 17, 39, 57, 71, 73, 75-77
呼吸活動 32
国語辞典 53, 54, 69, 70
国際音声学協会（IPA） 72
国際音声記号（IPA） 72
国字 59

語形 9, 11, 16, 29, 43, 50, 94-96, 101, 102, 104-109, 111, 133, 142
語形成 172
語形変化 18, 42, 93, 97
語源 26, 60-63, 153-155, 159
語源辞典 161
古（高）ドイツ語 169, 170
語根 60, 196
五十音図 50, 53
語順 20, 93, 120-122, 194
語調 113
語頭音 18, 43, 54
言葉（ことば）遊び 51, 174, 175, 181, 187, 190, 198
古ノルド語 85, 92, 169, 170
語尾 11, 60, 78, 85, 96-101, 106, 142, 157-159, 172
語表 190
古フランス語 14, 86, 169
固有名詞 25, 70, 143, 147
暦 159

［さ行］

再帰代名詞 110, 113, 116
再帰用法 111-116
最上級 158
在来語 21, 22
山茶花（さざんか） 2, 6-8
傘寿（さんじゅ） 174
散文 90, 91
子音 4, 6-10, 12, 13, 16, 23, 24, 28, 29, 32, 34, 35, 37, 39, 41, 45, 50, 52, 55-57, 66-68, 70, 75-79, 96, 121-123, 156, 182, 183, 185, 196-

198
子音連結　37, 78, 96
子音連続　182, 187, 188
歯茎音　54, 56
指示代名詞　125, 133
四声　56
舌先　10, 11, 17, 76
舌もじり　181, 185, 187, 188
舌もつれ　184, 185, 187
七言絶句　194
史的変化　15, 91, 92, 109, 111
字謎（じめい）　174
弱化　23, 36, 41, 43, 46, 91, 108, 112, 120, 158, 172
弱化母音　23
弱強勢　35, 93
弱形　29, 43, 45
弱子音　23
弱母音　30
弱変化動詞　96, 97
借用語　14, 20-22, 24, 69
シュー音　186
宗教詩　179
重子音　20
終止形　99-101
週制度　168
修道院　179
修道士　66, 178, 179
主格　109, 110, 127, 132-135
主強勢母音　46
主語　92, 102, 103, 107-111, 124, 126-129, 134, 186
述語　109, 126
主要語　111, 133
シュワー　73

小範疇語　18, 22, 23
譲歩節　102, 103
助詞　29, 33, 88, 89, 109, 131
序数詞　147, 157-159
初頭位置　23, 24
初頭音　16, 92
助動詞　12, 41-43, 46, 93, 103, 106
所有格　109, 110, 112, 113
所有代名詞　110
人名　142-144, 148, 150
神話　163, 168
水曜日　166, 168, 170
スウェーデン語　169
スー音　186
数詞　29, 157, 159, 163
スカンジナヴィア語　85
清音　98, 191, 193
声帯　32, 33, 35, 39, 73, 78
声門閉鎖音　29, 33, 35, 36, 38, 39, 76
接語化　44, 46, 126
接続詞　17, 42, 43, 119, 120, 122, 132-135, 195
接続助詞　138
接頭辞　39, 40, 88, 92, 106, 139
接尾辞　12, 26, 40, 42, 96
前舌音　27
前置詞　41-43, 107, 108, 110, 111, 132-134
前置詞句　108, 126, 129, 134
前母音　13
騒音　122
造語　98, 157
総合的言語　134
促音　52, 53

属格　108, 172
卒寿　174
存在文　129

［た行］

太陰暦　162, 163
対格　112, 113, 127, 133, 135
大範疇語　17, 22
大母音推移　69
代名詞　18, 42, 43, 91, 105, 107, 110, 112, 113, 125, 127, 128, 132
高さアクセント　56, 63
濁音　53, 98, 191-193, 196
濁点　51
奪格　135
多重否定　88-91, 93
脱落　3, 12-14, 16, 23, 30, 43-46, 99, 100, 106, 108, 119, 120, 158
短音化　96
短歌　180, 189, 193, 198
単語　33, 34, 40, 69, 70, 85, 195
単子音　77
短縮形　83
単純語　148
単純否定　89-91
単数形　104-107, 111, 113-116, 124, 125
短母音　4, 7, 31, 34, 36, 41, 66-68, 73-75, 95
置換　5
地名　3, 138, 140, 141, 144, 154, 156
調音　16, 99
長音符　71

調音方法　12
長母音　14, 31, 33, 34, 65-68, 73-75, 95, 96
中英語　14, 66, 67, 86, 90, 91, 93, 105, 108, 112, 113, 127
中英語期　14, 68, 91, 93, 105-107, 113, 114, 127
中国語　56, 58, 61, 86, 87, 130, 196
中舌　27
中立位置　29
直説法　102, 104-106
旁（つくり）　69
綴り字　12, 13, 15, 26, 64, 65, 68-70, 101, 158, 159, 196
定冠詞　28
定形動詞　126
ドイツ語　84, 86, 94, 97, 105, 111, 125, 126, 141, 153, 169, 170, 172
等位句　119-121
等位表現　120, 122, 123
頭韻　36-38, 89, 150
頭韻詩　148, 179
同音異義語　24, 55, 56
同化　54, 92, 184
統語研究　114
動作主　110, 111
動作の対象　110
動詞　12, 17, 26, 39, 62, 78, 88, 91-95, 97-101, 103, 108, 110, 113, 116, 124, 125, 127, 134, 141, 186
頭子音　43
等時性　39-41, 43, 46
動名詞　108, 124
土曜日　167, 169, 171

[な行]

謎（なぞ） 174-178, 180
謎解き 174, 176, 179
なぞなぞ 174-181
奈良時代 50, 52
軟口蓋子音 31
西ゲルマン語 172
二重子音 93, 158
二重否定 89, 90
二重母音 14, 28, 33, 34, 65, 71, 73-75
日曜日 167-169
日本語 4, 6-10, 13, 16, 27, 28, 30-34, 36, 39, 40, 47, 50-52, 54-57, 61-63, 65-67, 69, 70, 73-77, 83-89, 92, 93, 97, 98, 101, 107, 119-125, 129-132, 136, 144, 147, 150-154, 157-159, 167, 180, 185, 187-190, 193, 196-198
日本神話 3
人称代名詞 41, 43, 45, 46, 105, 111-113, 116, 132
ノルウェー語 169
ノルマン征服 14, 67, 69

[は行]

俳句 6, 50, 189-193, 198
倍数法 157
ハイダ語 157
白寿 174
破擦音 77
派生語 165
派生語尾 26
発音器官 16, 76
発音記号 11, 54, 70-75, 77
発音辞典 70
撥音便 7, 53, 66
早口言葉（ことば） 181, 183, 185, 187, 188
破裂音 75
半子音 77
半母音 5, 77, 100
鼻音 16, 122
比較級 130, 132, 134
比較語尾 132
比較表現 129-132, 135
鼻子音 52, 56, 57, 77, 196
否定語 46, 87-93
否定表現 87-89
否定文 92, 93
非人称構文 125-127, 129
非人称動詞 126, 128, 129
非人称の'it' 124
標準英語 9, 26
平仮名 53, 59, 152
品詞 18, 19, 92
不規則動詞 94-97
複合形 110-116
複合語 27, 120, 129, 141, 147, 172
複合代名詞 109
副詞 18, 42, 89, 92, 108, 126, 129-132, 134, 195
複数形 102, 105-107, 128
不定冠詞 28, 29
不定詞 94-98, 102, 105-108, 124
フランス語 14, 15, 18, 19, 21, 22, 24, 67, 85, 94, 153, 158, 159, 163-165

分析的特徴 134
分布 18-20, 22, 24, 34, 55
文法 132
文脈 59
米語 70, 77
閉鎖音 16, 18, 35, 39, 75, 100
米寿 174
北京語 56
偏(へん) 69
変化表 94
母音 4, 6, 8-12, 16, 20, 23, 25, 28-36, 38, 43, 45-47, 50, 52, 55, 56, 64-66, 70, 71, 73, 74, 76, 77, 79, 93-97, 104, 106, 122, 156, 158, 182-185, 196-198
母音化 13-16
母音交替 96, 97
母音接続 24, 28-30, 34, 35, 76, 183
母音変化 65
方言 13, 87
方言辞典 138
補語 103, 108, 127, 134, 135
母語 10, 16, 17, 25, 47, 71, 78, 129, 187
補助記号 53, 71, 72
ポルトガル語 84, 138
翻訳借用 172

[ま行]

摩擦音 16-18, 20-24, 76, 99, 122, 186, 187
万葉仮名 51
未然形 88
無韻詩 103
無強勢 22, 23, 33, 36, 40-47, 112, 196
無強勢音節 24, 40, 47
無強勢母音 22, 34, 46
無語尾 133, 172
無声 18, 20, 24, 68
無声音 20, 21, 32, 67, 75, 78
無声子音 22, 75, 78
名詞 12, 17, 26, 39, 42, 62, 89, 91, 92, 108, 110-112, 126, 128, 129, 175
名詞句 133, 134
命数法 153, 154
命名方法 145, 147, 150
命令文 102, 103
命令法 103, 106, 107, 113
モーラ 6, 7, 40, 50, 121
目的格 110, 112, 132
目的語 107, 108, 111, 127, 132, 134, 186
木曜日 167, 168, 170
文字 3-7, 20, 28, 50, 51, 53-57, 59, 65, 66, 68, 72, 73, 147, 156, 185, 188, 196, 198

[や行]

有声 12, 18, 20, 21, 24, 32, 68
有声音 20-22, 32, 67, 73, 75, 77, 78
有声子音 20, 45
有声摩擦音 21-23
ユダヤ教 170
ユリウス暦 162, 163

拗音　181-185, 188
容認発音　25
与格　108, 113, 127, 128, 133-135
与格形　113, 134, 135
予備の 'it'　124

［ら行］

ラテン語　14, 18, 22, 69, 85, 86, 135, 141, 153, 163, 164, 167, 169-171, 178, 179
ラテン文字　66, 69, 70, 72, 197
リズム　37, 50, 51, 89, 90, 103, 113, 116, 185-188
流音　122
両唇音　54, 184, 185
累加否定　88
類推　11, 22, 23, 112
ルーン文字　66
ルネッサンス　16, 69
歴史言語学　104
歴史的変化　16, 65, 93
暦法　162-165, 168
連結音　24, 26, 27
連結の 'r'　26, 35
連字　73
連濁　4
連母音　28, 29, 31
ローマ字　28, 33, 65
ローマ字表記　5-7, 156
ローマ神話　164, 167, 171
ローマ暦　164, 165

［わ行］

和歌　50, 176, 190-192
和製英語　82
和製漢字　59
渡り音　24, 27-30, 35, 76, 77

「ん」　6, 7, 33, 51-57, 196

Be 動詞　42, 102-104, 107, 108
Hard attack　38
Palindrome　190
To 不定詞　103

神・人・地名

アウグストゥス　162
秋葉原（あきはばら）　3, 4
芥川龍之介　82
ウィリアム　143
ウォーデン　168, 170
エリザベス二世　143, 150
カエサル，アウグストゥス　165
カエサル，ユリウス　165
カクストン　64, 69
キリスト　168, 169
熊本（隈本）　138-140
兼好法師　152
後奈良天皇　176
サートゥルヌス　169, 171
シェイクスピア　103, 105, 115, 116
島崎藤村　177
蘇軾（蘇東坡）　193, 194

タキトゥス　161, 162
チョーサー　90, 114
ティーウ　168
トール　168
徳川家康　118
ナポレオン　195
バース　140
ハズブラント　150
芭蕉　192
ハムレット　103
日野草城　6
ヒルデブラント　150
フリーヤ　171
ヘリブラント　150
ヘンイスト　150
ホルザ　150
マイア　164
マールス　164, 170
モールドン　148
ヤーヌス　163
ユーノー　164
ユリウス　162
ルター　170
レムス　164
ロムルス　164
Faber　47
Franz　116
Kerkhof　114
Meer　115, 116
Mustanoja　113-115
O'Connor　187
Rissanen　114-116
Wells　13

文献・作品名

『アングロ・サクソン年代記』　89
『ウィンザーの陽気な女房たち』　116
『英語逆引き辞典』　147
『奥義抄』　191
『カンタベリ物語』　90
『旧約聖書』　171
『欽定訳聖書』　116
『ゲルマーニア』　161, 162
『広辞苑』　3, 87
『国語大辞典』　87
『古代地名語源辞典』　154
『後奈良院御撰奈曾』　176
『時代別国語大辞典』　8, 52
『新版ことば遊び辞典』　175
『世界大百科事典』　3
『大辞林』　3
『隆信朝臣集』　191
『徒然草』　152
『トロッコ』　82
『日本語学研究事典』　87
『ヒルデブラントの歌』　150
『不死鳥』　134
『ベーオウルフ』　147, 148, 150
『マンデヴィル旅行記』　91, 103, 114, 116
『謎詩』　134, 178, 179
『モールドンの戦い』　89, 148
『落梅集』　177
Oxford English Dictionary　112

藤原　保明　（ふじわら　やすあき）

1946年，三重県伊賀市上野生まれ。東京教育大学大学院修士課程修了。熊本大学・筑波大学助教授，ロンドン大学客員研究員，筑波大学大学院教授を経て，現在は聖徳大学教授，筑波大学名誉教授，文学博士。

主な著書・論文・訳書は，『古英詩韻律研究』(1990, 渓水社)，『古英語の初歩』(共著, 1993, 英潮社)，『英語の語形成』(共著, 2006, 英潮社), "On the Function of Alliteration" (*English Linguistics* 5, 1988), "On Identifying Old English Adverbs" (*English Historical Linguistics and Philology in Japan*, Mouton de Gruyter, 1998),「集合数詞 many の史的発達」『近代英語研究』(20号, 2004), "Old English Pronouns for Possession" (*Germanic Languages and Linguistic Universals* 1, John Benjamins, 2009), "Prosodic Constraints on Old English Alliteration" (*Germanic Languages and Linguistic Universals* 2, John Benjamins, 2010),『中世の食生活』(1992, 法政大学出版局),『古英詩の世界』(1999, 筑波大学)，など。論文集として，『言葉の絆』(還暦記念, 2006, 開拓社), *Tsukuba English Studies* Vol. 27 (退職記念, 2009, 筑波英語学会) がある。

言葉をさかのぼる
——歴史に閉ざされた英語と日本語の世界——　　　　　　　　　　＜開拓社　言語・文化選書 22＞

===

2010年10月16日　第1版第1刷発行

著作者　　藤　原　保　明
発行者　　長　沼　芳　子
印刷所　　日之出印刷株式会社

発行所　　株式会社　開　拓　社
　　　　　〒113-0023　東京都文京区向丘1-5-2
　　　　　電話　(03) 5842-8900（代表）
　　　　　振替　00160-8-39587
　　　　　http://www.kaitakusha.co.jp

Ⓒ 2010 Yasuaki Fujiwara　　　　　　　　　ISBN978-4-7589-2522-8　C1380

JCOPY ＜(社)出版者著作権管理機構　委託出版物＞
本書の無断複写は著作権法上での例外を除き禁じられています。複写される場合は，そのつど事前に，(社)出版者著作権管理機構（電話 03-3513-6969, FAX 03-3513-6979, e-mail: info@jcopy.or.jp）の許諾を得てください。